しあわせの白ごはん

冨田ただすけ

朝日新聞出版

はじめに

白いごはんがある食卓は、人を安心させる力があると思います。食卓について、「いただきます」と言うときって、ホッとする気持ちになりますよね。「うちに帰ってきたなあ」と実感したり、そんな家族の顔を見て、「今日も家族に食事をつくってあげられた」と充実感を感じたり。一人の食卓でも、「今日も一日がんばった」と自分を労う気持ちになったり。当たり前のようだけど、ちょっとしあわせな気持ちになる時間。ごはんは、そんな安心感を食卓に届けてくれるのです。

この本には、そんな「ごはんの力」をめいっぱい感じられるようなレシピをたくさん掲載しました。和食を中心に、洋食や中華風のメニューにも和のテイストを取り入れて、ごはんに合う味にしています。旬の食材や、だしや調味料の使い方など、和食のおいしさ、楽しさが感じられることも意識しました。「ほかほかのごはんと一緒に食べたい！」と思う一皿から、ぜひはじめてみてください。

冨田ただすけ

しあわせの白ごはん

もくじ

肉のおかず

魚介のおかず

野菜のおかず

汁もの・鍋もの

丼もの・ちらしなど

小鉢・ごはんの友

この本の使い方

○大さじ1は15㎖、小さじ1は5㎖です。1合は180㎖です。
○塩は、精製塩ではなく、塩味以外の甘味やうま味なども感じられる日本の自然塩を使用した場合の分量です。
○みそ、塩など塩辛さに幅のある調味料は、味をみながら加えてください。
○調理の加熱時間は、素材の大きさや火加減によって変わってきます。様子をみながら加減してください。
○特に表記のない限り、「だし」は、昆布とかつお削り節でとったものを使っています。

わが家の看板メニュー

豚の生姜焼き

材料［2人分］

豚肩ロース肉（ロース肉でも）
…250g

A
- みりん…大さじ1½
- 酒…大さじ1½
- 生姜のしぼり汁…大さじ½

B
- 濃口醤油（あればたまり醤油でも）
…大さじ2
- みりん…小さじ2
- 砂糖…小さじ2
- おろし生姜…小さじ2
- おろしりんご…小さじ2
- 白ねぎのみじん切り
…小さじ2
- ケチャップ…小さじ1
- おろしにんにく…小さじ⅔
- ごま油…小さじ⅔

キャベツ、もやし…適宜
サラダ油…適量

1 豚肉は筋切りしてから**A**に漬けこみ、途中上下を替えながら30分〜1時間おく。

肉のおかず

ごはんが進むスタミナおかずといえば肉料理。
特に豚の生姜焼きは、定食屋を開くなら
看板メニューにしたい、とっておきのレシピです。
肉料理のコツはジューシーさをどう出すか。
どのレシピも工夫をこらしていますので、
気になるメニューから試してみてください。

2 Bをボウルに入れてしっかりと混ぜ合わせてたれを作る。

3 薄く油をひいたフライパンを熱し、汁気を切った1を広げ入れ、強火でさっと両面を焼く。

4 両面に軽く焼き色がついたら2を全量加え、からめながら肉に火を通す。

5 焼き上がった肉を、キャベツの千切りとともにお皿に盛り付ける。フライパンに余ったたれでもやしを炒めてそえてもおいしい。

旬野菜のおいしさを

アスパラと新ごぼうの肉巻き

材料［2人分］
アスパラ…3本
新ごぼう…60g
豚バラ肉（薄切り）…100g
粗びき黒胡椒…少々
A「濃口醤油…大さじ3
　酒…大さじ1
　砂糖…小さじ1
紅生姜…適宜
サラダ油…適量

1 アスパラは根元の硬い部分を切り落としてから、根元側の皮をピーラーで2〜3㎝ほどむく。新ごぼうはさっと洗い、アスパラの長さに合わせて切り分ける。太ければ食べやすい太さに縦に割る。

2 お湯を沸かして塩少々（分量外）を加える。新ごぼうを入れてから2分後にアスパラを入れ、さらに1分ゆでる。ざる上げしてから冷水に取り、粗熱が取れたらキッチンペーパーで水気をふき取る。

3 豚バラ肉に2を1本ずつしっかりと巻きつけ、表面に黒胡椒をふりかける。肉の長さが足りない場合は肉を2枚使って、2〜3㎝ほど重ね、隙間のないように野菜の端まで巻く。

4 薄く油をひいたフライパンを中火にかけて3を並べ入れ、転がしながら全体に焼き色がつくように焼く。

5 中火のままAを加え、時々フライパンを振りながら煮詰めてからませる。食べやすい大きさに切り分け、紅生姜をそえる。

ごはんがすすむ醤油だれ

和風ポークソテー

材料［2人分］

豚ロース肉（とんかつ用）…2枚（約200g）
玉ねぎ…30g
生姜…½かけ
にんにく…少々
A「濃口醤油…大さじ2
　みりん…小さじ2
　砂糖…小さじ1
小麦粉…適量
サラダ油…小さじ½
トマト、きゅうり、キャベツの千切り…適宜

1 玉ねぎ、生姜、にんにくは皮をむいてすりおろし、Aと混ぜ合わせてたれを作る。

2 豚肉は筋切りして、両面に塩・胡椒各少々（分量外）を振りかけ、小麦粉をまぶして余分な粉をはたき落とす。

3 フライパンにサラダ油を入れて中火で熱し、2の肉を両面こんがりと焼く（肉を立てて脂身の部分も焼くとよい）。

4 1のたれを加え、軽く煮詰めて豚肉にたれをしっかりとからませる。キャベツの千切りやトマト、スライスしたきゅうりなどと一緒に盛り付ける。

おやつやおつまみにも

紙カツ

材料［2人分］

豚ヒレ肉（塊）…150g
練り辛子…小さじ½
小麦粉…適量
溶き卵…適量
パン粉…適量
揚げ油…適量
ウスターソース…適量
キャベツの千切り、大葉の千切り…適宜

1 豚ヒレ肉は1cm幅に切り、ラップで挟んですりこ木や肉たたきなどで叩いて2～3mmの厚さにのばす。

2 **1**に塩・胡椒各少々（分量外）をふり、片面に練り辛子をうすく塗りのばす。小麦粉、溶き卵、パン粉の順に衣をつける。

3 揚げ油を170～180℃に熱して、**2**を入れる。2～3分揚げて、こんがり色づいてカリッとしたら取り出す。

4 バットにウスターソースを入れ、**3**の片面をひたしてしみ込ませ、食べやすい幅に切り分ける。キャベツと大葉の千切りを混ぜ合わせ、器に一緒に盛り付ける。

香り高くさっぱりと

大葉ギョーザ

材料［2人分］

ギョーザの皮（市販品）…30枚
豚ひき肉…200g
白菜…200g
大葉…40枚
長ねぎ…½本
生姜…1かけ
にんにく…1かけ

A ┌濃口醤油…小さじ1
　│ごま油…小さじ1
　└塩…小さじ¼

B ┌濃口醤油…大さじ1
　│酢…大さじ½
　└みりん…小さじ1

サラダ油…小さじ1
ごま油…小さじ1

1 白菜は4〜5㎜角に切ってボウルに入れ、塩ふたつまみ（分量外）を振りかけて5分おき、水気をしぼる。長ねぎ、にんにく、生姜はみじん切りにする。大葉15枚を半分に切り、残りは5㎜角に切る。

2 ボウルに豚ひき肉とA、半分に切った大葉以外の1の野菜を加え、手でしっかりと練り混ぜる。

3 水を少量用意し、皮の中央に半分に切った大葉をのせ、2のたねを等分にしてのせる。皮の端に水を薄くぬり、皮を折りたたんでひだを作りながら口を閉じる。

4 フライパンにサラダ油を入れて弱めの中火で熱し、3をひだが上になるように並べる。深さ1㎝ほどになるまで熱湯をそそぎ入れ、ふたをして3〜4分蒸し焼きにする。

5 ギョーザをふたで押さえて湯切りし、ごま油を全体にまわしかけ、皮がパリッとするまで中火で焼く。器に盛ってBのたれにつけていただく。

たっぷりの大根おろしで 和風ハンバーグ

材料［2人分］

合いびき肉…250g
玉ねぎのみじん切り…小1個分
食パン（6枚切り）…½枚
牛乳…大さじ4
A
- 卵…½個
- にんにくのみじん切り…小さじ1
- 塩…小さじ½
- 粗びき黒胡椒…4つまみ
- ナツメグ…4つまみ

サラダ油…適量
ゆず胡椒…適宜
大根…⅓本
B
- ポン酢醤油…大さじ2
- 濃口醤油…小さじ2

1
サラダ油大さじ1をひいたフライパンで玉ねぎを10分ほど炒め、粗熱をとる。

2
皮をむいた大根をすりおろし、ざるにあけて水気をしぼり出す。**B**を合わせてたれを作る。共に冷蔵庫で冷やしておく。

3
食パンは小さくちぎってから牛乳に浸し、手でつぶす。

4
ボウルに合いびき肉、**1**、**3**、**A**の材料を入れ、手早く粘りが出るまで混ぜる。

5
4を2等分し、手にサラダ油を塗り、キャッチボールの要領で叩くように空気を抜く。均一な厚みの小判形にする。

6
フライパンにサラダ油大さじ1を入れて強火で熱し、**5**を入れて焼き色がついたら裏返し、蓋をして弱火で7～8分蒸し焼きにする。大根おろしを盛り付け、ポン酢だれをかける。好みでゆず胡椒をそえていただく。

煮込む時間は短めでOK
ミートボールビーフシチュー

材料［2人分］

玉ねぎ…1個
じゃがいも…1個
人参…⅓本
にんにく…1かけ
ビーフシチュールゥ…60〜70g
赤ワイン…100㎖
トマトピューレ…大さじ2
バター…大さじ1

A
牛ひき肉…300g
パン粉…大さじ4
牛乳…大さじ2
酒…大さじ2
片栗粉…大さじ1
塩…小さじ⅓
胡椒…少々

パセリのみじん切り…少々
オリーブオイル…大さじ1⅓
小麦粉…適量

1 じゃがいも、玉ねぎ、人参、にんにくは皮をむいて薄切りにする。

2 鍋にバターとオリーブオイル各大さじ1を入れて中火で熱し、1を10分ほどヘラでつぶしながら炒める。

3 2にトマトピューレと赤ワイン、水400㎖を加え、沸いたら弱火にして10分煮る。

4 ボウルにAのひき肉と塩を入れ粘りが出るまで練り合わせ、残りの材料を混ぜ合わせる。団子状にして、表面に小麦粉を薄くまぶす。フライパンにオリーブオイル小さじ1を入れて、全体に焼き色がつくまで焼く。

5 4を3の鍋に入れ、沸いたら弱火にして10分煮る。アクが出てくればすくい取る。

6 火を止めてルゥを加えて混ぜ合わせ、とろみがつくまで弱火で煮る。皿に盛りつけてパセリをちらす。

たっぷりパセリがポイント

おかずオムレッ

材料［2人分］

卵…2個
牛ひき肉…100g
玉ねぎ…1/6個
人参…1/3本
椎茸…1枚
パセリのみじん切り…大さじ1
にんにくのみじん切り…小さじ1/2

A
濃口醤油…小さじ2
みりん…小さじ1
胡椒…少々

ケチャップ…適量
サニーレタス、ミニトマト…適宜
サラダ油…適量

1 玉ねぎと椎茸、人参は粗めのみじん切りにする。卵を1個ずつ容器に割り入れ、それぞれ塩ひとつまみ、胡椒少々（分量外）を混ぜ合わせておく。

2 フライパンにサラダ油小さじ1を入れて中火で熱し、牛ひき肉と**1**の野菜、にんにくのみじん切りを炒める。

3 肉の色が変わったら**A**を加え、汁気が少なくなってからパセリのみじん切りを加えて、汁気がほとんどなくなるまで煮詰める。

4 別のフライパンにサラダ油少々を入れて中火で熱し、溶いた卵1個分を流し広げる。半熟に固まってから**3**の半量を中央にのせ、半分に折りたたんで器に盛り付ける。ケチャップをかけ、サニーレタスとミニトマトをそえる。

定番だけどひと味違う
鶏の唐揚げ

材料［2人分］
鶏もも肉…1枚（約300g）
片栗粉…大さじ2〜2½
揚げ油…適量
A「濃口醤油…大さじ2
　酒…大さじ1
　生姜のしぼり汁…小さじ1

1 鶏もも肉は常温に戻しておき、4〜5㎝角に切る。ボウルに入れてAを加え、20分漬け込む。

2 20分後につけだれを1〜2割ほど残して、残りのつけだれを捨てる。

3 2に片栗粉の量を調整しながら加えてよく混ぜる（つけだれが片栗粉を含んで、しっかり糊状になるまで）。

4 160℃の油で3を3〜4分揚げて、一度取り出し、鶏肉を5分ほど休ませる。

5 油温を190℃まで上げ、4を1〜2分揚げる。

モツのまろやかさと豆みその渋み

どて煮

どて煮は、みそ煮込みうどんやみそカツと並ぶ名古屋グルメの代表料理です。

名古屋市内にある大学に通っていたころは、学食で週3回はどて煮丼を食べていました。といっても「どて煮丼」というメニューがあるわけではなく、150円のごはんと、200円のどて煮を注文して、小さなお茶碗にぶっかけて食べるんです。同じようにして食べている学生はたくさんいたので、名古屋の人はみんな大好きな、なじみのある味だと思います。

刻みねぎと一味唐辛子をたっぷりかけて食べるのがおすすめです。

材料［2人分］

豚モツ（ボイルしてあるもの）…300g
こんにゃく…1枚
生姜…3かけ（皮をむいて薄切り）
水…300ml
刻みねぎ…適量
一味唐辛子…適量
A
八丁みそ（豆みそ）…150g
酒…100ml
砂糖…大さじ5
みりん…大さじ3

1 豚モツは沸騰した湯に入れて、2〜3分ゆでてからゆでこぼす（3回繰り返す）。

2 沸騰した湯に**1**とひと口大に切ったこんにゃくを入れ、一緒にゆでる。途中アクをすくい取り、10分ほどゆでてからざる上げしておく。

3 **2**を鍋に入れ、生姜を加える。別容器でだまのないように混ぜ合わせた**A**と分量の水を加えて火にかける。

4 沸いてきたらアクを丁寧にすくい取り弱火にする。はじめの8割くらいの水分量を保つように差し水をしながら2時間ほどコトコトと煮込む。そのあとは、30分から1時間、好みの味の濃さまで煮つめて仕上げる（濃くなりすぎたら適宜水を足し入れ、食べやすい濃さにするとよい）。刻みねぎと一味唐辛子を振りかけていただく。

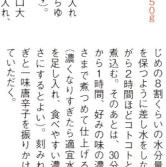

しっとりとうまみ増す
鶏のみそ漬け焼き

材料［2人分］
鶏もも肉…1～2枚
人参、山芋、しし唐辛子など…適宜
A
みそ…200g
みりん…大さじ2
酒…大さじ1
砂糖…大さじ1
にんにく…1かけ

1 （みそ床）Aを混ぜ合わせる。にんにくは皮をむき、つぶしてから加える。

2 鶏肉の皮をフォークや金串などで何度か突いてから、肉の両面にうっすらみそ床を広げるように1に漬け込む。人参、山芋、しし唐辛子などの野菜を一緒に漬け込む場合は、食べやすい大きさに切ってからみそ床の端に漬けておく。漬け込む時間は半日から1日を目安にする。

3 鶏肉と野菜をみそ床から取り出し、表面のみそを軽く落としてから魚焼きグリルなどで焼く。野菜は焦げる前に取り出し、鶏肉は焼き色がしっかりついた部分かららアルミホイルをかぶせて焼くと、焦げすぎずにおいしく焼くことができる。

辛みと醤油の絶妙バランス

鶏のゆず胡椒焼き

材料［2人分］

鶏もも肉…1枚（約300g）
A
┌濃口醤油…大さじ1½
│みりん…大さじ1½
│酒…大さじ1½
│砂糖…大さじ½
└ゆず胡椒…小さじ½

水菜…¼束
切りのり…少々
サラダ油…小さじ½

1 鶏肉は余分な皮や脂を切り落とし、フォークや金串などで何度か皮を突く。

2 ボウルにAを混ぜ合わせ、1を10分ほど漬け込み、取り出してキッチンペーパーで汁気をふきとる（残ったAはあとで調味に使う）。

3 フライパンにサラダ油を入れて中火で熱し、2を皮目から焼く。フライ返しなどで肉を押し付けるようにして、しっかりと焼き色をつける。

4 3を裏返して火を少し弱め、キッチンペーパーで余分な脂をぬぐいとる。ほんのり焼き色がつくまで焼いてからAを加える。スプーンで煮汁を肉にまわしかけながら、煮汁にとろみがつくまでしっかりと煮詰める。

5 4を食べやすい大きさに切り分け、さっとゆでた水菜と器に盛る。残った煮汁を肉にかけ、水菜の上に切りのりをのせる。

ほんのり香るゆずが隠し味

鴨の和風ステーキ

材料［2人分］

合鴨（胸肉）…1枚（約250g）

A
- 濃口醤油…大さじ1
- みりん…大さじ2
- 酒…大さじ2

ゆずの輪切り…3枚

B
- サラダ油…小さじ1
- オリーブオイル…小さじ½
- ゆず果汁…小さじ2
- 濃口醤油…小さじ2

1
鴨肉は室温に戻し、余分な皮と脂を切り落とす。皮目に細く切り込みを入れ、フォークなどで何度か突く。

2
バットに**A**を合わせ**1**にもみ込む。途中上下を返して20分ほど漬け込んだ後、汁気をふき取る。つけだれは小さじ1ほど残しておく。

3
フライパンを中火で熱して皮目を2〜3分焼き、弱火にして蓋をして身を3分焼く（キッチンペーパーで脂をふき取りながら）。蓋を取って肉を横に立てて、弱火で1分半ずつ両側を焼く。

4
一度肉を取り出し、フライパンの汚れをぬぐって火にかける。温まったら肉を戻し、**2**のつけだれ小さじ1と濃口醤油小さじ1（分量外）をからませる。

5
濡れ布巾にフライパンを押し当てて粗熱を取り、蓋をして10分ほど置く（金串を中心まで刺して3秒ほど待ち、引き抜いて、串の先を触って熱くなっていればちゃんと火が通っている目安）。取り出して切り分け、**B**のソースをかけていただく。

野菜もしっかりおいしく
冬野菜のすき焼き

材料［2人分］
牛肉（すき焼き用）…200g
かぶ…大½個
れんこん…100g
カリフラワー…½株
春菊…1束
椎茸…4枚
焼き豆腐…150g
牛脂…少々

A
濃口醤油…100㎖
みりん…100㎖
水…100㎖
砂糖…大さじ4

卵…適量
昆布だし、または水…適量

1 鍋にAを沸かし、アクをすくい取って火を止める。

2 かぶは皮を厚くむき、大きめのひと口大に切る。れんこんは皮をむいて1㎝幅の輪切りに、カリフラワーは小房に切り分け、春菊は硬い茎を切り落とす。椎茸は軸を除いてカサに格子状に切り込みを入れ、焼き豆腐は食べやすい大きさに切る。

3 鍋に湯を沸かし、2のかぶ、れんこん、カリフラワーを竹串がすっと入るくらいまでゆでてからざる上げする。

4 すき焼き鍋を熱して牛脂を溶かし、1の割り下を鍋底が隠れる程度に注ぐ。沸いたら牛肉を1枚ずつ入れてさっと火を通し、溶き卵につけて食べる。肉以外の具材を入れて、時折返しながら火を通す。肉を入れる時は具材を端に寄せ、空いたところでさっと煮て食べる。

5 割り下を適宜足し入れながら、煮詰まったら昆布だしか水を加えて調整し、これを繰り返す。

煮付けのおいしさ再発見

かさごの煮付け

材料［2人分］
かさご…2尾
生姜…2かけ
青ねぎ…1〜2本
A 濃口醤油…大さじ2
みりん…大さじ2
砂糖…大さじ1
酒…大さじ6
水…大さじ6

1 ねぎは3〜4㎝幅に切り、生姜は皮をむいて半分を薄切りに、半分を千切りにする。千切りは水にさらしてから水気をしっかりと切る。

2 かさごの尾から頭にむかってうろこをこそげ取り、腹に切り込みを入れて内臓とえらを取り出す。ため水の中で腹の中を掃除する。

魚介のおかず

下関で育ったのでよく磯釣りに出かけました。
自分で釣った魚を煮付けてもらうのがうれしくて。
料理を仕事にするようになってからも、
魚料理は大切にしています。
慣れてしまえば簡単ですから、
ぜひご家庭の定番メニューに加えてください。

3 **2**をボウルに入れ、90℃くらいの湯をそそぎ入れて箸でさっとひと混ぜしてから水にさらす。手で魚の表面のうろこやぬめり、腹の中の血合いなどを洗い落としてから水気を切り、キッチンペーパーで水気をふき取る。両面の身の厚いところに斜めに2本切り込みを入れる。

4 鍋に**A**と生姜の薄切りを入れて煮立たせ、かさごを重ならないように並べ入れる。ねぎの白い部分を隙間に入れ、落とし蓋をして弱めの中火で4～5分煮る。

5 落とし蓋を取ってねぎの青い部分を入れてさらに2～3分煮て仕上げる。盛り付けるときにたっぷりの煮汁と生姜の千切りをそえる。

ハレの日にふさわしい焼き魚

さわらの木の芽焼き

材料［2人分］

さわら…2切れ（約200g）
木の芽…10枚
A ┌濃口醤油…大さじ1½
　│みりん…大さじ1½
　└酒…大さじ1½

1 さわらは1切れを2等分して、塩ふたつまみ（分量外）を両面にふって30分おく。出てきた水気をぬぐい取る。

2 Aを合わせて、途中上下を一度入れ替えて1を30分ほど漬け込む。漬け込んだあとのたれは捨てずに取っておく。

3 魚焼きグリルを熱し、2を入れて両面をこんがりと焼く。さわらにほぼ火が通ったら、2の漬けだれをはけで表側に塗る。再びグリルで焼き、表面が乾いたらまた塗る。この作業を3～4回繰り返して香ばしく焼き上げる。

4 木の芽を乾いたまな板の上で粗く刻み、皿に盛り付けた3にちらす。

春を感じる海の幸山の幸

あさりと春野菜の酒蒸し

材料［2人分］

あさり…200g
春キャベツ…100g
豚バラ肉（薄切り）…100g
うど…5㎝分
三つ葉…½束
酒…大さじ4
ポン酢醤油…適宜

1
あさりは砂出しして、貝同士をこすり合わせるように洗う。春キャベツは3〜4㎝角に、豚バラ肉と三つ葉は2〜3㎝幅に切る。うどは皮を厚めにむき取って短冊切りにし、切ったものから酢水にさらす。

2
フライパンにあさりを入れ、その上にキャベツと豚バラ肉を交互に広げ入れ、酒を加える。

3
蓋をして強火にかけ、沸いたら鍋から煮汁がふきこぼれない程度に火を弱めて、途中1、2度蓋を開けて全体を軽く混ぜ合わせる。

4
あさりの口が開き、豚肉の色が変わって火が通ったら、最後に三つ葉と水気を切ったうどを加えて1分ほど火を通し、好みでポン酢醤油をかけていただく。

食欲そそる和えものに

マグロのごまみそ薬味がらめ

材料［2人分］

マグロ（刺し身用赤身）…200g
長ねぎ…1/3本
みょうが…1/2個
A
みそ…大さじ1
炒りごま（白）…大さじ1/2
濃口醤油…小さじ1
砂糖…小さじ1/2
ごま油…大さじ1

1
マグロは1・5㎝角に切る。すり鉢にAのごまを入れて半ずりにして、残りの調味料を混ぜ合わせる。

2
みょうがと長ねぎは縦半分にしてから繊維にそって千切りにし、冷水にさらしてシャキッとさせる。

3
1のマグロと水気を切った2をすり鉢に合わせ、さっくりと混ぜ合わせる。

香味野菜が食欲そそる
海老マヨれんこん

材料［2人分］

海老（無頭・殻付き）…8尾（約150g）
れんこん…100g
長ねぎ…10㎝
生姜…½かけ
にんにく…½かけ
サラダ油…大さじ1½
ごま油…小さじ1
片栗粉…大さじ1

A
マヨネーズ…大さじ2
濃口醤油…小さじ½
ケチャップ…小さじ1
砂糖…小さじ½

1
海老は殻をむき、背に包丁目を入れて背ワタを取り除く。さっと水洗いして水気をふき取り、塩・胡椒各少少（分量外）を振りかけた後に片栗粉を全体にまぶしておく。

2
れんこんは皮をむいて5㎜幅の輪切りにする。ねぎは粗めのみじん切りに、生姜とにんにくは皮をむいてみじん切りにする。Aを混ぜ合わせておく。

3
フライパンにサラダ油とごま油をひき、生姜とにんにくを弱火で炒める。にんにくの香りが立ってきたら海老、れんこん、ねぎのみじん切りを加えて中火で炒める。

4
海老とれんこんに火が通ったら、火を止めてAを加えて全体を混ぜ合わせる。

ほろりとくずれる極上食感

いわしの揚げつくね

材料［2人分］

いわし（中サイズ）…4尾
玉ねぎ…1/6個
生姜…1かけ
薬味ねぎ…1〜2本
A「片栗粉…小さじ2
　酒…大さじ1/2
　みそ…小さじ2/3
B「濃口醤油…大さじ2
　酢…大さじ1
練り辛子…適宜
揚げ油…適量

1 29ページを参考にいわしを手開きする。皮と小骨がついたまま、包丁で粗いミンチ状にたたく。

2 玉ねぎは皮をむいてみじん切りに、生姜は皮をむいて細かいみじん切りにする。薬味ねぎは5〜6mm幅に切る。

3 ボウルに**1**のいわしと**2**を入れて**A**を混ぜ合わせる。手でしっかりと練り混ぜ、8等分して食べやすいかたちに丸める。

4 170℃に熱した油で**3**を3〜4分こんがりと揚げて取り出す。**B**を合わせて酢醤油を作り、好みで練り辛子と一緒にそえる。

いろはのい 1

いわしの手開き

魚屋さんのメリットは、鮮度を確かめられること。手開きは覚えてしまえば簡単ですから、慣れるまで何度か試してみましょう。

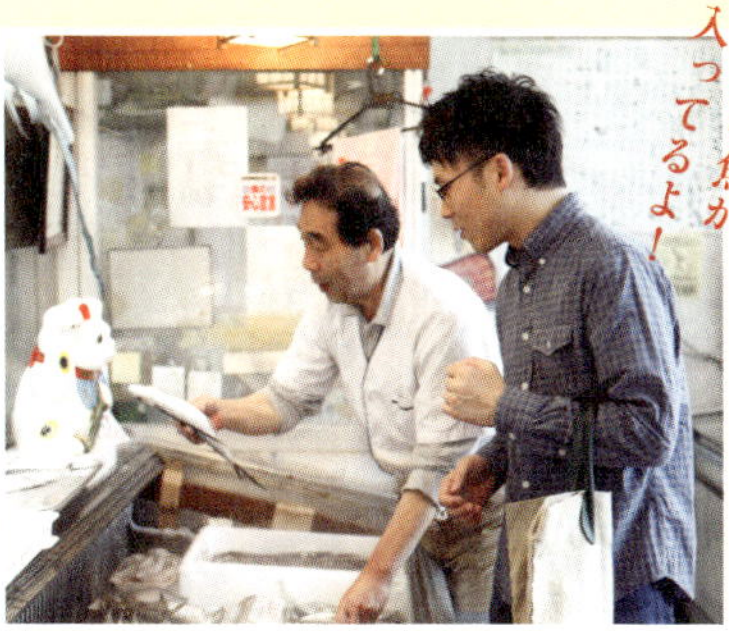

頼めば3枚おろしや開きにしてくれるお店も。

1 胸びれの部分から包丁を入れ、頭を落とす。

2 腹の底部分を切り落とす。

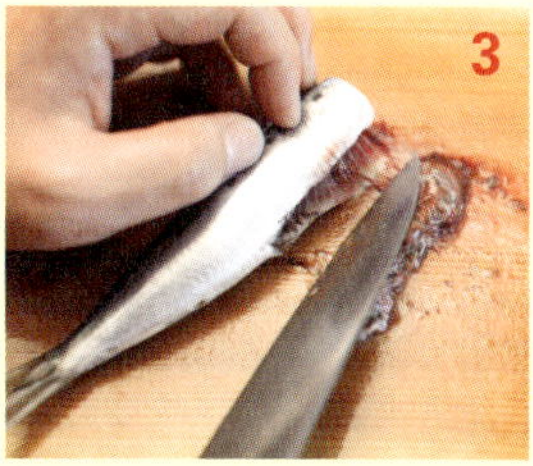

3 切り落とした部分から、包丁で内臓をかきだしていく。

4 ため水で腹の中や表面のよごれを洗い落とす。

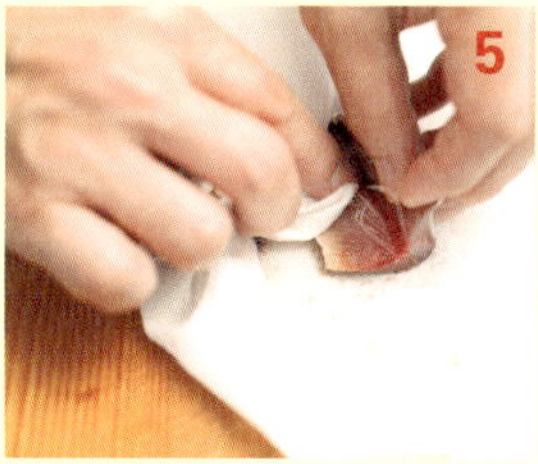

5 キッチンペーパーで腹の中と表面の水気をよくふきとる。

6 左手の親指を中骨の上に、身と中骨が分かれるように背中の近くまでぐっと差しこむ。

7 親指を、中骨に沿わせるように尾のほうに動かす。

8 右手の親指で、頭のほうの身を同じように開く。

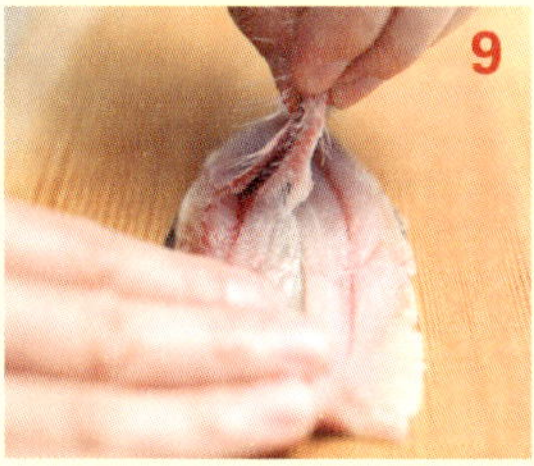

9 中骨を、頭のほうからはずしていく。尾まできたらポキッと折り取る。

フライパンひとつで
いわしの蒲焼き

材料［2人分］

いわし（中サイズ）…4尾
大葉…5枚
炒りごま（白）…少々
小麦粉…大さじ2

A
濃口醤油…大さじ1½
みりん…大さじ1½
酒…大さじ1½
砂糖…大さじ½

サラダ油…小さじ1

1
29ページを参考にいわしを手開きする。両面に小麦粉をまぶし、余分な粉をはたき落とす。

2
Aを混ぜ合わせる。大葉は千切りにしておく。

3
フライパンにサラダ油をひき、中火で**1**のいわしを皮を下にして並べ入れる。焼き色がついたら裏返し、反対側も焼く。

4
火加減はそのままで**A**を回し入れ、全体にからませながら1分ほど煮詰める。火を弱め、スプーンで煮汁をいわしに回しかけながらさらに煮詰める。

5
器に**4**を盛り付け、フライパンに残ったたれを回しかける。ごまをちらし、大葉の千切りをのせる。丼にするときは、ごはんの上に切りのりをちらすとおいしい。

鮭の照り焼き

たれをからめて野菜もおいしく

材料【2人分】

- 生鮭…2切れ（約200g）
- ブロッコリー…1/2株
- ごぼう…1/3本
- 小麦粉…大さじ1
- 胡椒…少々
- A
  - 濃口醤油…大さじ1 1/2
  - みりん…大さじ1 1/2
  - 酒…大さじ1 1/2
  - 砂糖…大さじ1/2
- サラダ油…小さじ1/2

1 鮭は1切れを3等分にして、両面に胡椒を振る。小麦粉をまぶして、余分な粉をはたき落とす。Aを混ぜ合わせておく。

2 ブロッコリーは小房に切り分け、ごぼうは2㎜の斜め切りにする。塩少々（分量外）を加えたお湯を沸かし、ブロッコリーとごぼうを1分ほど下ゆでし、ざる上げしておく（水につけないこと）。

3 フライパンにサラダ油をひき、中火で鮭を焼く。焼き色がついたら裏返し、8割ほど火が通ったら2を加え、さっと炒め合わせる。

4 3にAを加え、中火のまま、時々フライパンを振りながら煮詰める。汁気が少なくなったら、野菜だけを先に皿に盛り付け、弱火にして、たれを鮭に回しかけながらさらに煮詰める。

朝日新聞出版

新刊案内

February 2015

銀の街から

沢木耕太郎　1,728円
978-4-02-251132-4

魔術的な一瞬、最高の幸福感——。映画が私たちにもたらすものとは。朝日新聞で人気連載中の、映画評からはじまる名エッセイ集第一弾。

〒104-8011 東京都中央区築地 5-3-2
小社出版物は書店、ASA（朝日新聞販売所）でお求めになれます。
なお、お問い合わせ並びに直接購読等につきましては
業務部直販担当までどうぞ。TEL.03-5540-7793

朝日新聞出版のご案内・ご注文
http://publications.asahi.com/

カール教授のビジネス集中講義

ビジネスモデル

平野敦士カール

ビジネスモデル構築の7ステップから、さまざまな企業の事例紹介、企業価値評価まで。新規事業構築のすべてが1冊でわかる！

1,620円
978-4-02-331379-8

成長戦略が日本を滅ぼす

榊原英資

時代錯誤の成長戦略では日本は救えない！ 負担を分担し、成熟のメリットを享受する堅実な戦略の先にこそ、日本の明るい未来はある

予1,728円
978-4-02-331374-3

ビジネス偏差値70の人の答え 40の人の答え

予1,512円
978-4-02-331375-0

洋七・おかんのがばい介護日記

島田洋七

予1、296円　978-4-02-331367-5

週刊朝日連載「介護は笑ってなんぼ」に大幅加筆。脳梗塞で倒れた義母を糟糠の妻とともに看取った14年の日々と新しい介護の形。

ヒラメキ勝負！　発明対決5

考えを覆す発明

ゴムドリco. 文、**洪鐘賢** 絵

1、296円　978-4-02-331372-9

せり小発明クラブBチームと名門ナレ小発明クラブ、勝負の行方は!? 水を使わない半身浴用浴槽などの発明品を通じて科学の世界に触れる。

はじめてでも上手にできる

通園・通学のバッグ&小もの

朝日新聞出版 編

1、080円　978-4-02-333021-4

通園・通学のレッスンバッグやお着替え袋、上ばき入れ、ランチセットなど幼稚園・保育園・小学校で必要なアイテムを64点掲載。

しみしみの大根が絶品

ぶり大根

わが家の娘は小さいころ、大根が少し苦手でした。そんな彼女が喜んで食べてくれるのがこのぶり大根です。

魚は好きなので、この味なら大丈夫だろうと、あるとき勧めてみたら気に入ってくれて、別名「しみしみ大根」はわが家の定番になりました。

私が一人暮らしをはじめたころから何度となく作っている、愛着のあるレシピです。脂ののったぶりのあらが出回ると、買い込んではせっせと下ごしらえ。「霜降り」は丁寧におこないます。大根の風味をしっかり残したいので生姜は入れませんが、丁寧な下処理とたっぷりの酒で魚の臭みはなくなります。

材料［2人分］

ぶりのあら…500g
大根…½本
水…2カップ
酒…½カップ
濃口醤油…大さじ3
砂糖…大さじ2½
ゆず（皮の千切り）…適宜

1 （ぶりのあらの霜降り）あらをボウルに入れ、小さじ⅓の塩（分量外）を全体に振りかけて10分ほどおく。ボウルに熱湯を注ぎ入れて箸でひと混ぜした後に水を流し入れる。ボウルの中でぬめりや血合いの汚れなどを手できれいに洗い落とし、水気を切っておく。

2 大根は皮をむいて2㎝幅の半月切りにする。

3 鍋に大根を並べ、上にぶりのあらを広げ入れる。水と酒を加えて強火にかける。沸いてきたらアクをすくい、落とし蓋をして煮汁がぐつぐつ沸き立つくらいの火加減（中火）で20分ほど炊く。

4 落とし蓋を取り砂糖を煮汁に溶かし入れる。落とし蓋をして中火のまま5分炊く。

5 醤油を加え、落とし蓋をして5分炊く。落とし蓋をはずし、煮汁が少なければ弱火で、残っていれば中火のまま、5分ほど何度か鍋を振りながら煮詰める。器に盛り、ゆずの皮の千切りをのせる。

自家製タルタルがおいしい

牡蠣フライ

材料［2人分］

牡蠣（加熱用）…10個
小麦粉…大さじ2
卵…1個
パン粉…適量
揚げ油…適量
レモン…適量
トマト、ブロッコリー、千切りキャベツ…適宜

タルタルソース
マヨネーズ…大さじ4
ゆで卵…2個
らっきょうの甘酢漬け…10個
きゅうり…1/4本
塩…ふたつまみ
粗びき黒胡椒…少々

1
（タルタルソース）ゆで卵は粗く刻み、らっきょうはみじん切りにする。きゅうりはみじん切りにした後に塩ひとつまみ（分量外）を加えて3分ほどおき、水気をしっかりとしぼる。マヨネーズと具材を混ぜ、塩・胡椒で味を調える。

2
牡蠣はうすめの塩水でやさしく洗い、水気を切ったあとにキッチンペーパーの上に並べ5分ほどおく。

3
牡蠣に小麦粉をたっぷりとつけ、余分な粉をはたき落とす。溶いた卵につけてから、バットに広げたパン粉の上に移し、上からパン粉をかけてやさしく握るように手で押さえる。

4
170℃に熱した油で揚げる。目安は2〜3分ほど。こんがりとした色に変わったら取り出し、**1**のタルタルソースとレモン、千切りキャベツなどと一緒に盛り付ける。

洋風煮もので手軽に

サバのトマト煮

材料［2人分］

サバの切り身…2切れ
カットトマト缶詰…1缶（400g）
なす…½本
玉ねぎ…⅙個
セロリ…⅓本
大葉…2枚
にんにく…1かけ

A
酒…大さじ3
水…大さじ3
砂糖…大さじ½
塩…小さじ⅔
胡椒…少々

濃口醤油…小さじ1
オレガノ（乾燥）…あれば少々
粗びき黒胡椒…少々
オリーブオイル…大さじ1
小麦粉…適量

1 サバは腹骨があればすき取り、血合い骨を抜き、2〜3等分のそぎ切りにする。塩ひとつまみ（分量外）を振って5分おく。なすは7〜8㎜幅の半月切りに、玉ねぎとセロリは粗めのみじん切り、にんにくはみじん切りにする。

2 サバの水気を軽くふき取り、胡椒少々（分量外）を振って小麦粉を全体に薄くまぶす。フライパンにオリーブオイル大さじ½とにんにくを入れて中火で熱する。

3 サバを皮目から焼き、両面に軽く焼き色がついたら取り出す。

4 **2**のフライパンにオリーブオイル大さじ½を入れて玉ねぎとセロリ、なすを炒め、全体がしんなりとしたらカットトマトと**A**を加える。

5 沸いたらサバを戻し入れ、15分ほどぐつぐつと煮る。最後に醤油と、オレガノを混ぜ合わせる。器に盛り、小さくちぎった大葉をちらし、黒胡椒を振る。

揚げ焼きで手軽に

ししゃもの南蛮漬け

材料［2人分］

ししゃも…8〜10尾
玉ねぎ…¼個
好みの色のパプリカ…適量
A
だし…100㎖
酢…大さじ5
砂糖…大さじ2½
薄口醤油…小さじ5
塩…小さじ⅓
輪切り唐辛子…少々
小麦粉…適量
サラダ油…大さじ2

1
ししゃもは小麦粉を全体に薄くまぶし、余分な粉を落とす。パプリカはヘタと種を除いて5〜6㎜幅に切る。

2
玉ねぎは薄切りにして塩少々（分量外）をまぶす。5分ほどなじませてから玉ねぎの水気をしぼり、保存容器に合わせた**A**に加える。

3
フライパンにサラダ油を入れて中火で熱し、**1**のししゃもの両面をこんがりと焼く（子持ちししゃもの場合はししゃもを立てて腹側も焼くとよい）。焼き上がる少し前にパプリカを加えて火を通し、熱いうちに**2**に漬け込む。

4
粗熱が取れたら冷蔵庫に入れ、半日ほど味をなじませる。汁ごと器に盛り付ける。冷蔵庫で4〜5日保存できる。

酒粕パワーでしっとりと

イカの粕漬け焼き

材料［2人分］

イカ…2はい
しし唐辛子…適宜
酒粕…500g
A みそ…50g
砂糖…50g
塩…小さじ2
酒…大さじ4〜6

1
（粕床）ボウルにAの酒以外の材料を合わせ、手でしっかりと混ぜ合わせる。調味料がまんべんなく混ざったら、みそよりも少しゆるいくらいの硬さになるまで酒を加えて混ぜ合わせ、保存容器に移す。

2
イカは胴から足とはらわた、軟骨を取り除く。胴はため水の中でさっと洗う。足からはらわたと目を切り落とし、くちばしを除いて、げそについている吸盤を包丁でこそげ落とす。げそを洗って食べやすい大きさに切り、胴と共にキッチンペーパーで水気をふき取る。

3
粕床に2の胴とげそを漬け込む（胴の中にも粕床を入れる）。冷蔵庫で2〜3日が目安。

4
3のイカを取り出し、表面と胴の中の粕床をきれいにぬぐい取る。魚焼きグリルでこんがりと焼き、食べやすい大きさに切り分けて器に盛り付ける。素焼きしたしし唐辛子を好みでそえる。

ごはんに混ぜてもおいしい

秋刀魚の薬味混ぜ

材料［2人分］

秋刀魚…1尾
塩…小さじ1/3
青ねぎ…適量
生姜…適量
みょうが…適量
炒りごま（白）…適量
濃口醤油…適量

1
秋刀魚は焼く15分前に塩を両面に振ってから塩焼きにする。焼けたら身をはずし、骨とワタを取り除いて、身だけを食べやすい大きさにほぐす。

2
ねぎは小口切り、生姜は皮をむいてみょうがとともに千切りにする。それぞれ冷水につけてパリッとさせ、しっかりと水気を切る。

3
1と**2**、ごまを混ぜ合わせ、好みで醤油をかけていただく。混ぜごはんにするときは、ごはん1合分に対して秋刀魚1尾分を合わせるとよい。

旬の味覚を贅沢に

秋刀魚の刺し身とろろ昆布添え

材料［2人分］

秋刀魚の刺し身…2尾分
とろろ昆布…箸でふたつまみ
みょうが…1個
大葉…2枚
生姜…1かけ
すだち…1個

A
濃口醤油…大さじ1
酢…小さじ1

1
秋刀魚は切った刺し身の状態であればそのまま、自分でさばく場合は3枚におろして腹骨をすき取り、皮をひいて取り除き、2cm幅に切る。

2
みょうがは縦半分に切って繊維にそって千切りに、生姜も千切りにして水にさらす。大葉は1cm角くらいの大きさに刻む。すだちは半分を薄めの輪切りにして、残りの半分は果肉をしぼってAに合わせておく。

3
みょうがと生姜の千切りを奥におき、すだちの輪切りを立てかける。手前に秋刀魚の刺し身を盛り付け、Aを全体に回しかける。最後に大葉ととろろ昆布を盛り付ける。

野菜のおかず

野菜のおかずは、肉や魚よりもあっさりした味になりがちなので、ごはんに合うよう工夫しました。ポイントは野菜のうまみを引き出すことと、たんぱく質や油を適度に補ってコクを加えること。食感の異なるものを組み合わせるのもいいですね。箸がとまらなくなる一皿がつくれます。

簡単でコクうま

じゃがいものごま煮

材料［2人分］

じゃがいも（男爵いも）…2個（約300g）
薬味ねぎ…1〜2本
だし…300㎖
A 酒…大さじ1
　砂糖…大さじ1
B 白すりごま…大さじ2½
　濃口醤油…大さじ½
　塩…ひとつまみ

1 じゃがいもは皮をむいて大きめのひと口大に切る。

2 鍋に1とだしを入れて火にかけ、沸いたら落とし蓋をして火を少し弱める。表面が少し煮崩れるくらいまで10〜15分煮る。

3 Aを加え、落とし蓋をしたまま2〜3分煮る。落とし蓋を取ってBを加え、2〜3分煮つめて器に盛り付ける。刻んだ薬味ねぎをちらす。

山椒と醤油で和風にアレンジ

ポテトコロッケ

材料［2人分］

じゃがいも（男爵いも）…400g
牛こま切れ肉…100g
玉ねぎ…½個
にんにく…1かけ
実山椒の佃煮…10～15粒ほど
（塩漬けでも代用可）
A「濃口醤油…大さじ½
塩…ひとつまみ
胡椒…少々
B「砂糖…小さじ1
塩…ひとつまみ
胡椒…少々
小麦粉…適量
溶き卵…適量
パン粉…適量
揚げ油…適量
ウスターソース…適量
サラダ油…小さじ½

1 じゃがいもは皮をむいて6等分にし、たっぷりの水からゆでる。柔らかくなったらざるに上げ、ボウルに移して粗くつぶす。玉ねぎとにんにく、実山椒の佃煮はみじん切りにする。牛肉は5～6㎜幅に切る。

2 フライパンにサラダ油を入れて中火で熱し、玉ねぎとにんにくを炒める。しんなりしてきたら牛肉を加えて肉に火が通るまで炒め合わせる。**A**で下味をつける。

3 **1**のじゃがいもに**2**、**B**、実山椒のみじん切りを混ぜ合わせ、食べやすい大きさの小判形にかたちを整える。小麦粉、溶き卵、パン粉の順に衣をつける。

4 油を180℃に熱して**3**を揚げる。パン粉がこんがりと美味しそうな色に変わったら取り出して、ソースをかけていただく。

たけのこの土佐煮

香りとうまみを味わいつくす

材料［2人分］
ゆでたけのこ…250g
かつお削り節…3パック（6g）
木の芽…10枚
A
だし…300㎖
濃口醤油…大さじ3
みりん…大さじ2½
砂糖…大さじ2

1
たけのこは根元を1㎝幅の半月切りに、穂先は縦に1〜1・5㎝幅のくし切りにする。

2
鍋にAを合わせて中火にかける。沸いたら火を少し弱め、1を入れて10分ほど炊く。火から下ろしてそのまま冷まし、味をなじませる。

3
食べる直前に、乾いたまな板の上で木の芽を粗く刻む。たけのこの汁気を切ってボウルに移し、削り節と木の芽を混ぜ合わせる。

冷製でもおいしい

なすの揚げ煮

材料［2人分］

なす…3本
だし…200㎖
A
みりん…大さじ3
濃口醤油…大さじ1
砂糖…大さじ1
塩…ひとつまみ
青ゆず…適宜
揚げ油…適量

1 なすはヘタを切り落とし、縦半分に切ってから皮目に斜めに細かく切り込みを入れる（味がしみ込みやすく、食べやすくなる）。

2 170℃に熱した油で**1**を2分ほど素揚げして取り出す。

3 鍋にだしと**A**を合わせ、沸いたら弱めの中火にして**2**を入れ、10分ほど煮て味をしみ込ませる。

4 器に盛り付け、青ゆずの皮をすりおろしてなすに振りかける。

なすをピリ辛みそ味で

麻婆なす

材料［2人分］

なす…3本
ピーマン…2個
豚バラ肉（薄切り）…150g
生姜…2かけ
にんにく…2かけ
サラダ油…大さじ2

A
みそ…大さじ2½
濃口醤油…大さじ1
酒…大さじ1
砂糖…大さじ1
ごま油…大さじ1
豆板醤…小さじ1

1 なすは縦6等分のくし切りにする。水につけてあく抜きをしたあと、キッチンペーパーで水気をふきとる。

2 豚肉は4～5㎜幅に、ピーマンは種を取り除いて1㎝幅の細切りにする。生姜とにんにくは皮をむいてみじん切りにする。**A**を混ぜ合わせておく。

3 フライパンにサラダ油をひき、**1**のなすの皮を下にして並べ入れる。火にかけてなすの皮を2～3分しっかりと焼いたあとに、フライパンを振って全体を軽く炒め、一度取り出す。

4 フライパンに豚肉とにんにく、生姜を入れて炒める。肉に8割ほど火が通ったら、ピーマン、**3**、**A**を入れて炒め合わせる。フライパンを振りながら1～2分炒める。

親から受け継いだ味

煮しめ

実家に帰って、母に「何が食べたい?」と聞かれると、必ずリクエストするのが煮しめです。普段のおかずにも、運動会のお弁当やお正月料理にも登場していた、まさにおふくろの味です。

だしに煮干しを使うことと、一度冷まして味をしっかりと染み込ませることがポイントです。煮干しを具材に入れたのは私のオリジナルですが、省いてもオーケーです。

母に聞くと、祖母も煮干しだしを使っていたそうです。日々の台所仕事を通じて自然に受け継がれていったのですね。私の娘にも、この味を食べてほしいなと思います。家族は食でつながっているのですね。

材料［2人分］

- 鶏もも肉…½枚
- ごぼう…½本
- 人参…½本
- れんこん…100g
- 里芋…3個
- こんにゃく…⅓枚
- 絹さや…4〜5枚
- A
  - 干し椎茸…2枚
  - 昆布…5㎝角1枚
  - 煮干し…4〜5尾分
  - 水…300㎖
- B
  - みりん…大さじ2
  - 酒…大さじ2
  - 砂糖…大さじ½
- 薄口醤油…大さじ2
- サラダ油…小さじ1

1 Aを容器に合わせて2〜3時間おく。戻った椎茸は軸を切り落として3〜4等分に切り、煮干しは頭、ワタ、中骨を取り除く。戻し汁は茶こしなどでこす。

2 鶏もも肉は皮ごとひと口大に切る。ごぼうは皮をこそげ、れんこん、人参は皮をむいて乱切りにする。里芋は皮をむいて大きめのひと口大に切る。こんにゃくはスプーンでひと口大にちぎり、塩ひとつまみ（分量外）をまぶして5分ほど置いてからさっと下ゆでする。

3 鍋にサラダ油を熱し、鶏肉、野菜（絹さや以外）の順に中火で炒める。油がまわったら**1**の戻し汁と椎茸、煮干しのだしがらを加える。

4 沸いたらアクを取り、**B**を加えて混ぜる。落とし蓋をして鍋肌がぐつぐつ沸き立つ火加減を保って5分ほど煮て、醤油を加えてさらに3〜4分煮る。一度火を止めて味を染み込ませる。

5 冷めたら再び火をつけ、落とし蓋を取って7〜8分煮詰める。筋を除いて塩ゆでした絹さやをちらす。

日々の食卓の新定番に

白菜のおかず炒め

材料［2人分］

白菜…300g
豚バラ肉（薄切り）…100g
生姜…1かけ
赤唐辛子…1本

サラダ油…大さじ½
ごま油…小さじ1
濃口醤油…小さじ1
塩…小さじ¼
粗びき黒胡椒…少々

1 白菜は2〜3㎝幅に切って、柔らかい葉の部分を別に分けておく。豚肉は1㎝幅に切り、生姜は皮をむいて薄切りに、唐辛子は種を取り除いて斜め切りにする。

2 フライパンにサラダ油とごま油をひき、生姜を弱火で炒める。油が熱くなったら豚肉と唐辛子を加えて中火で炒め、肉に火が通りはじめたら、白菜の硬い芯の部分を入れて炒める。

3 白菜の芯の部分に火が通ったら、白菜の葉の部分を加え、塩、黒胡椒を振る。最後に火を強めて鍋肌から醤油を回し入れ、鍋を振って味を全体にからめる。

温かいうちに召し上がれ

かぶと鶏団子のくず煮

材料［2人分］

かぶ…小3個（約300g）

A
- 鶏ひき肉（もも肉）…250g
- 卵…1個
- 長ねぎのみじん切り…5cm分
- おろし生姜…小さじ½
- 濃口醤油…小さじ½
- 塩…小さじ⅓
- 酒…大さじ½
- 片栗粉…大さじ2

B
- だし…500ml
- 薄口醤油…大さじ2
- みりん…大さじ2

C
- 片栗粉…大さじ1弱
- 酒…大さじ1
- 塩…ひとつまみ

刻みねぎ…少々
粗びき黒胡椒…少々

1 ボウルにAのひき肉と塩を入れて粘りが出るまで練り混ぜてから、残りの材料を加えて混ぜ合わせる（冷蔵庫で20〜30分冷やすと、つかみやすいかたさになる）。

2 かぶは皮ごと縦8等分のくし切りにする（茎を残す場合は付け根に土が残らないように、ため水の中で竹串などを使って洗う）。

3 鍋にBを合わせて火にかける。沸いたら1を適量手に取って直径3cmくらいに丸くしぼり出し、油を塗ったスプーンですくい取りながら落としていく。隙間に2を入れ、沸いてきたらアクをすくい取って、落とし蓋をして弱火で10分ほど炊く。

4 かぶに火が通ったら、かぶと鶏団子を器に盛る。煮汁を150mlほど別鍋に移して沸騰させる。お玉を回して渦を作りながら、よく溶いたCを流し入れてとろみをつける。具材にかけ、刻みねぎと黒胡椒を振る。

香りよし、食べごたえよし

野菜と豚の香味かき揚げ

材料［2人分］

豚ロース肉（薄切り）…50g
新生姜…50g
人参…1/3本
ごぼう…50g
玉ねぎ…1/4個
小麦粉…大さじ1 1/2

A［小麦粉…大さじ2 1/2
　冷水…大さじ2 1/2

B［だし…150ml
　濃口醤油…大さじ2
　みりん…大さじ2

揚げ油…適量

1
新生姜は洗って茶色い部分があればスプーンでこそげ取り、皮をむいた人参とともに4〜5cmの長さの短冊切りにする。ごぼうは洗って皮を軽くこそげ取り、4〜5cmの長さの短冊切りにして水にさらし、水気をふき取る。玉ねぎは6〜7mm幅に、豚肉は1cm幅に切る。

2
ボウルに**1**を入れ、小麦粉を振りかけ、全体にいきわたるように混ぜる。

3
Aを合わせて軽く箸で混ぜ、**2**に加えてさっくりと混ぜ合わせる。

4
揚げ油を170℃に熱して、**3**を木べらの上でひとかたまりずつにまとめて油に落とす。1分後に裏返し、さらに2〜3分こんがりと揚げる。

5
〈天つゆ〉鍋に**B**のみりんを入れて軽く沸かした後に、醤油とだしを加えて沸騰直前まで温める。

ほろ苦さと食感が楽しい
ピーマンおかか

材料［2人分］
ピーマン…4個
釜揚げしらす…10g
かつお削り節…2パック（4g）
炒りごま（白）…小さじ½
A［濃口醤油…大さじ½
生姜のしぼり汁…小さじ½
ごま油…小さじ½］

1 ピーマンは縦半分に切り、ヘタと種を取り除く。繊維を断つように4～5㎜幅に切る。

2 鍋にたっぷりの湯を沸かし、ひとつまみの塩（分量外）を加えて**1**を30秒ほどゆでる。ざる上げして冷水にとり、キッチンペーパーで水気をふき取る。

3 ボウルに**2**としらす、削り節、ごまを混ぜ合わせ、**A**を加えて味付けをする。

揚げ豆腐とクレソンの赤だし

クレソンと赤みそは好相性

材料［2人分］

木綿豆腐…½丁
クレソン…1束（約20g）
だし…600㎖
赤みそ
…大さじ3〜4※
揚げ油…適量

※家庭でご使用のみその塩分にあわせて分量を調節してください

汁もの・鍋もの

伝統野菜や珍しい野菜が手に入ったとき、まずみそ汁で食べてみることが多いです。なんでも受け止めるふところの深さがみそ汁の魅力。ぴりっと辛みのあるクレソンは、渋みのある赤みそ（豆みそ）と合います。鍋ものは、ごはんに合うものを厳選しました。

1 木綿豆腐は端から1・5㎝ほどの厚みに切り、大きければさらに2〜3㎝角の食べやすい大きさに切り分ける。キッチンペーパーやさらしに包んで軽く重しをして30分ほど水切りをする。クレソンは根元を切り落として3〜4㎝幅に切る。

2 180℃に熱した油で、**1**の豆腐をこんがり色づくまで3〜4分揚げる。

3 鍋にだしを入れて火にかけ、沸いたら弱火にしてみそを溶き入れる。

4 **3**に**2**の揚げ豆腐を入れてさっと温めて、沸騰直前まで熱くする。最後にクレソンを入れてひと混ぜしてから椀にそそぐ。

つゆも具も爽やか
夏の豚汁

材料［2人分］

豚バラ肉（薄切り）…100g
新ごぼう…½本（約30g）
オクラ…2本
ズッキーニ…½本
みょうが…1個
大根…75g
だし…600㎖
みそ…大さじ3～4 ※
生姜のしぼり汁…小さじ½
粗びき黒胡椒…少々
サラダ油…小さじ½

※ 家庭でご使用のみその塩分にあわせて分量を調節してください

1 豚肉は3～4㎝幅に切り、ズッキーニは6～7㎜の輪切り、大根は6～7㎜のいちょう切り、みょうがは縦8等分にする。新ごぼうは粗めのささがきにしてさっと水にさらして、オクラは下ゆでし、ひと口大に切る。

2 鍋にサラダ油を熱し、豚肉、大根、ズッキーニ、新ごぼうの順に炒め、だしを注ぐ。

3 だしが沸いたら、みその味を野菜になじませるために半量を先に溶き入れる。

4 野菜に火が通ったら、残りのみそを溶き入れ、生姜のしぼり汁を加える。沸騰直前まであたため、最後にみょうがとオクラを入れる。

5 器にそそぎ入れ、黒胡椒を振る。

具だくさんの食べるスープ

夏野菜のカレースープ

材料［2人分］
ゴーヤー…1/4本
オクラ…2本
なす…1/2本
豚ひき肉…100g
にんにく…1/2かけ
カレー粉…小さじ2
だし…600ml
A［みりん…大さじ1
砂糖…大さじ1/2
濃口醤油…小さじ1］
塩…小さじ2/3
オリーブオイル…大さじ1 1/2
粗びき黒胡椒…少々

1 ゴーヤーはヘタを切り落として縦半分に切り、スプーンで種とワタを取り除いて1mm幅に切る。オクラは斜めに2〜3等分し、なすは小さめの乱切りにする。にんにくは皮をむいてみじん切りにする。

2 鍋にオリーブオイルとにんにくを入れて弱火にかける。香りが立ってきたら1の残りの野菜を加えて中火にし、塩・胡椒各少々（分量外）を振って混ぜ合わせる。

3 全体に油がまわったら豚ひき肉を入れ、軽く炒めた後にカレー粉を加えて炒め合わせる。

4 3にだしを入れ、沸いたらアクをすくい取る。肉と野菜に火が通ったらAで味付けをする。

5 器にそそぎ入れ、黒胡椒を振る。

長芋のほくほく感をたのしむ

長芋の豚汁

材料［2人分］

長芋…200g
長ねぎ…1/3本
豚バラ肉（薄切り）…100g
油揚げ…1枚
こんにゃく…1/4枚
みそ…大さじ2〜3 ※
一味唐辛子…適宜

A 水…600ml
　煮干し…10g

※ 家庭でご使用のみその塩分にあわせて分量を調節してください

1 Aを1時間以上前に合わせる。だしとり後の煮干しは取り出して、頭、ワタ、中骨を取り除いておく。

2 長芋は皮をむいて2cm幅の半月切りにする。豚肉は3cm幅に切り、長ねぎは1cm幅の斜め切り、油揚げは短冊切りにする。

3 こんにゃくは厚みを半分にしてから短冊切りにする。塩小さじ1/4（分量外）を振りかけて5分ほどおいたあと、さっと水洗いして塩を落としておく。

4 鍋に1を沸かして長芋を入れ、弱火でアクをすくいながら長芋に火を通す（竹串がすっと刺さるくらい）。

5 4に豚肉、油揚げ、こんにゃく、長ねぎ、1の煮干しを入れ、豚肉と長ねぎに火が通ったら、みそを溶き入れる。好みで一味唐辛子を振りかける。

酒粕のまろやかな味わい

牡蠣の粕汁

材料［2人分］

牡蠣（加熱用）…200g
大根…100g
人参…⅓本
里芋…100g
油揚げ…1枚
三つ葉…少々
だし…600㎖
酒粕…100g
白みそ…大さじ2 ※
塩…適宜
※ 家庭でご使用のみその塩分にあわせて分量を調節してください

1 酒粕はだし100㎖を加えてしばらくおき、やわらかくなってからダマがないように溶かし混ぜる。

2 大根は5〜6㎜幅のいちょう切り、人参と油揚げは短冊切りにする。里芋は5〜6㎜幅の輪切りにし、牡蠣はうすめの塩水でやさしく洗ってざる上げしておく。

3 鍋にだし500㎖と**2**の牡蠣以外の具材を入れて火にかけ、沸いてきたら弱火にして大根と里芋に火を通す。

4 **2**の牡蠣を加え、**1**で溶きほぐしておいた酒粕とみそを溶き入れる。

5 牡蠣に火が通ったら味見をして、塩気が足りなければ塩で味を調える。沸騰直前まで熱くして椀にそそぎ入れ、細かく刻んだ三つ葉を盛り付ける。

〆の雑炊までおいしく

キャベツの常夜鍋

材料［2人分］

豚バラ肉（しゃぶしゃぶ用）…300g
キャベツ…400g
えのき茸…1束
春雨…50g
生姜…1かけ
にんにく…¼かけ
A「水…800ml
　昆布…5cm角2枚
　酒…100ml

ゆずポン酢
　濃口醤油…大さじ2
　ゆず果汁…大さじ1
　酢…大さじ½
　だし…大さじ½
ピリ辛ねぎ醤油
　濃口醤油…大さじ3
　長ねぎ（小口切り）…10cm分
　だし…大さじ1
　みりん…大さじ½
　一味唐辛子…少々
［鍋の〆に］
　ごはんと卵…適量

1 Aを30分以上前に合わせる。

2 ゆずポン酢は材料を混ぜ合わせる。ピリ辛ねぎ醤油は一味唐辛子以外の材料を鍋に合わせて軽く沸かし、冷めてから一味唐辛子を加える。冷蔵庫で冷やしておく。

3 キャベツは3〜4cm幅のくし切りにして、芯を切り落とす。えのき茸は石づきを切り落とし、生姜は皮ごと輪切りにし、にんにくは皮をむく。春雨は熱湯で戻して食べやすい長さに切る。

4 1に生姜、にんにくを加えて火にかける。沸いたら火を弱めて昆布を取り出し、キャベツを入れて火を通す。火が通ったら、豚肉とえのき茸、春雨を煮て、好みのたれをつけていただく。

5 残ったつゆにごはんを入れて沸かし、溶き卵を回しかけて〆の雑炊にする。好みでたれを少しかける。

食欲そそる辛うま鍋

キムチチゲ

材料［2人分］

白菜キムチ…150g
白身魚の切り身
（スズキ、鯛など）…100g
豚バラ肉（薄切り）…50g
豆腐…½丁
長ねぎ…⅓本
えのき茸…⅓束
ニラ…⅓束
生姜…1かけ
にんにく…½かけ
みそ…大さじ2〜3 ※
コチュジャン…大さじ1
ごま油…大さじ½
A「水…600㎖
煮干し…20g
「昆布…5㎝角1枚

※ 家庭でご使用のみその塩分にあわせて分量を調節してください

1 **A**を1時間以上前に合わせる。

2 豚肉、えのき茸、ニラ、キムチは3〜4㎝幅に切り、豆腐と魚の切り身は食べやすい大きさに切る。長ねぎは5㎜幅くらいの斜め切りにして、皮をむいた生姜とにんにくは細かく刻む。

3 鍋にごま油と**2**の生姜とにんにくを入れて熱し、豚肉と半量のキムチを炒める。

4 豚肉に軽く火が通ったら**1**を注ぎ入れ、沸騰したら豆腐、魚、えのき茸、長ねぎを入れる（煮干しを取り出すかどうかはお好みで）。

5 魚と野菜に火が通ったら、みそとコチュジャンを溶き入れ、沸騰直前まであたためる。残りのキムチとニラを入れてひと混ぜする。

ヒントはまかない料理

五目野菜の天津丼

材料［2人分］

卵…5個
ゆでたけのこ…50g
長ねぎ…1/3本
椎茸…2枚
人参…1/4本
グリーンピース（ゆでたもの）
…大さじ2 ※1

A
だし…200㎖
薄口醤油…小さじ2
みりん…小さじ1
砂糖…小さじ1/3
塩…ふたつまみ

B
片栗粉…大さじ1
紹興酒…大さじ1 ※2

温かいごはん
…どんぶり2杯分
塩…適量
胡椒…適量
サラダ油…適量

※1 グリーンピースは冷凍品でも可
※2 紹興酒は日本酒でも代用可

丼もの・ちらしなど

日本料理店で修業をしていたころ、まかないでよく丼ものをつくりました。時間や予算がないときのお助けメニューです。ちらし寿司も、季節を問わずよくつくります。寿司飯さえうまくできれば、失敗知らず。行楽など、みんなに喜ばれるのもうれしいですね。

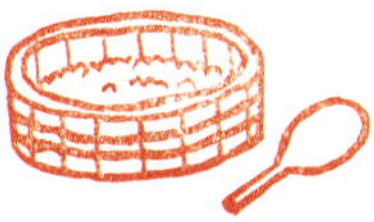

1 たけのこと人参は千切りにする。椎茸は軸を落として薄切り、長ねぎは斜め薄切りにする。卵はボウルに割り入れ、塩ひとつまみを加えてしっかりと溶きほぐす。

2 フライパンにサラダ油小さじ1を入れて中火で熱し、**1**の野菜を炒める。人参に火が通るまで炒め、塩・胡椒各少々で下味をつける。

3 **2**を**1**の溶き卵に入れて、グリーンピースを混ぜる。

4 フライパンにサラダ油小さじ1を入れて中火で熱し、**3**の半量を流し入れる。箸で全体を混ぜながら半熟状態になったら弱火にして形を整える。裏返して1〜2分焼いて火を止め、余熱で火を通して取り出す。残りの卵液でもう1枚焼く。

5 **A**を鍋に沸かし、お玉を回しながらよく溶いた**B**を流し入れてとろみをつける。ごはんに**4**をのせ、あんをたっぷりとかけていただく。

辛子でぴりうま
初鰹のづけ丼

材料［2人分］

鰹のたたき（さく）…250g
温かいごはん…どんぶり2杯分
A 濃口醤油…大さじ4
酒…大さじ2
おろし生姜…小さじ1
おろしにんにく…小さじ1/4
水…大さじ2

薬味ねぎ…1～2本
大葉…5枚
炒りごま（白）…少々
切りのり…少々
練り辛子…少々

1 鰹はできればさくで買い求めて、たたきで食べる時よりも少し薄めの5～6㎜ほどの厚みに切る。

2 Aの酒を耐熱容器に入れてふんわりとラップをし、電子レンジ（600W）で40秒ほど加熱してアルコール分をとばす。大きめのバットにAのその他の材料と一緒に合わせ、1の鰹を並べ入れる。

3 5分たったら上下を返し、さらに5分ほどたれに漬けこむ。その間にねぎを刻み、大葉は千切りにしておく。

4 ごはんの上に3の鰹をのせ、バットに残ったたれをスプーンで1～2杯ほどまわしかける。ねぎとごまをちらし、大葉と切りのり、辛子を中央に盛り付ける。

失敗なしの絶品どんぶり

しらす丼

材料［2人分］

釜揚げしらす…70g
温かいごはん…どんぶり2杯分
卵黄…2個
薬味ねぎ…1〜2本
大葉…5枚
かつお削り節…1パック（2g）
切りのり…少々
炒りごま（白）…少々
濃口醤油…適量

1 薬味ねぎは刻んで、大葉は千切りにしておく。

2 温かいごはんに切りのりと、少しもんだ削り節をちらし、しらすをドーナツ状に盛り付ける。

3 丼の中央に卵黄をそっとおき、ねぎとごまを全体にちらし、大葉の千切りを盛り付ける。

4 醤油をかけ、黄身をつぶしながらいただく。

春限定のとっておき
めかぶ丼

材料［2人分］

めかぶ…150g
長芋…100g
揚げ玉…大さじ2
薬味ねぎ…1〜2本
おろしわさび…少々
温かいごはん…どんぶり2杯分

A
濃口醤油…50mℓ
みりん…大さじ½
酒…小さじ1
かつお削り節…½パック（1g）

1 （土佐醤油）鍋にAを合わせて火にかけ、沸いたら弱火にして2〜3分煮る。そのまま冷まし、細かい茶こしなどでこす（削り節はしっかりしぼる）。冷蔵庫で冷やしておく。

2 めかぶはさっと洗って、たっぷりのお湯でまるごと1〜2分色よくゆでてから冷水にとる。しっかりと水気を切ってから大きいものは適宜切り分け、2〜3㎜角くらいになるようフードプロセッサーにかけて細かくする。

3 長芋は皮をむいてポリ袋に入れ、すりこ木などで1㎝角くらいのかたまりが残るようにたたく。薬味ねぎは刻む。

4 ごはんの上にめかぶと長芋を盛り、薬味ねぎと揚げ玉をちらす。好みでおろしわさびをそえ、1の土佐醤油を適量かけていただく。土佐醤油は余ったら冷蔵庫で1〜2カ月保存できる。

鯛と卵の意外な好相性

もみじ鯛のづけ丼

材料［2人分］

鯛の刺し身…150g
炒りごま（白）…少々
温かいごはん…お茶碗2杯分
A「濃口醤油…大さじ2
　みりん…大さじ1
　全卵…½個分

1 Aを混ぜ合わせ、つけだれを作る。

2 鯛の刺し身を1に15分を目安に漬け込む（漬け込み時間は刺し身の厚みや味の好みによって、5分前後調整するとよい）。

3 ごはんをお茶碗によそい、2の刺し身を盛りつけ、つけだれをスプーンで1～2杯ほどまわしかける。仕上げにごまをちらしていただく。

ねばねば系を合わせて

イカ納豆丼

材料［2人分］

イカの刺し身（細切り）…150g
オクラ…5〜6本
ひきわり納豆…1パック
卵黄…2個
炒りごま（白）…少々
温かいごはん
…どんぶり2杯分
濃口醤油…適量

1 オクラはゆでてから包丁でたたいてみじん切りにする。

2 温かいごはんをよそい、イカを手前に、オクラと納豆を奥に盛り付け、卵黄を中央にそっとおく。

3 ごまをちらし、醤油をかけていただく。

すだちの香りでさっぱりと
鰻のちらし寿司

材料［2人分］
ごはん…2合分
鰻の蒲焼き…1尾分
きゅうり…1本
すだち…1個
みょうがの甘酢漬け（市販品）…1個分※
生姜…1/2かけ
炒りごま（白）…小さじ1/2

A
米酢…50mℓ
砂糖…大さじ1 1/3
塩…小さじ1

※生のみょうがの千切りでも代用可

1 （寿司飯）Aを容器に合わせ、しっかり混ぜて調味料を溶かす。炊きたてのごはんに回しかけ、しゃもじで切るように混ぜ合わせる。

2 きゅうりは縦半分に切ってから斜め薄切りにして、塩小さじ1/4（分量外）を混ぜて5分ほど置き、水気をしぼる。みょうがの甘酢漬けはよく汁気を切り、縦6等分にする。生姜は皮をむいて、ごく細い千切りにする。すだちは4等分のくし切りにする。

3 鰻の蒲焼きは、添付のたれがあれば表面に薄く塗ってオーブントースターなどでさっと温め、2～3㎝幅の食べやすい大きさに切る。

4 器に寿司飯を盛り付け、2と3、炒りごまをちらす。食べる直前にすだちをしぼりかけていただく。

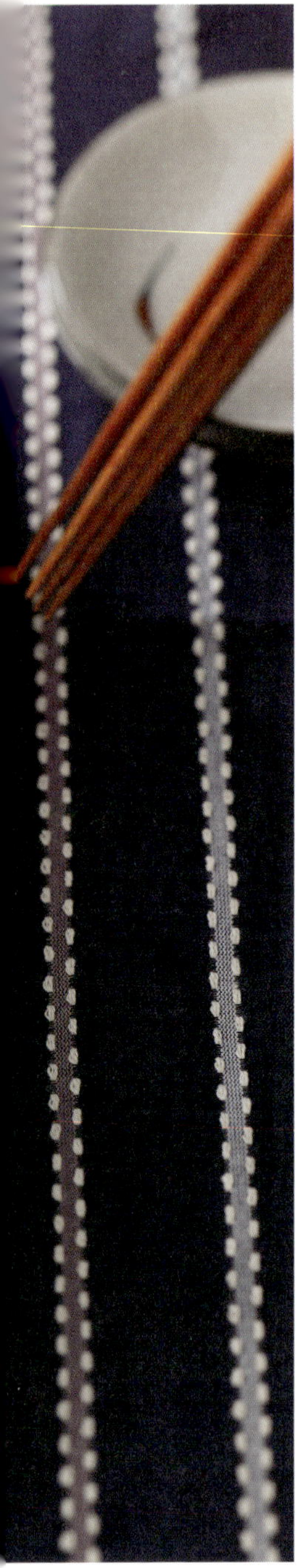

春の香りをつめこんで

山菜ちらし寿司

ピクニックや行楽のお弁当に、彩りよく盛り付けられたちらし寿司は、うれしいものですよね。

食べておいしいだけでなく、人数に合わせてつくる量を変えることができるので、つくる人にとってもうれしい一品になります。

季節感を取り入れやすいのも、ちらし寿司のいいところ。こごみやたらの芽は、あく抜きの必要がなく、山菜の中でも扱いやすいのでおすすめです。時間のあるときにお浸しにしてしっかり味を染み込ませておきましょう。錦糸卵は冷凍保存も可能。前日までに具材を用意しておけば、朝早くても、大人数分でも、あわてなくてすみますね。

材料［2人分］

- ごはん…2合分
- ゆでたけのこ…100g
- こごみ…6本
- たらの芽…3本
- 木の芽…6〜7枚
- 切りのり…少々
- **A**
  - だし…200㎖
  - 薄口醤油…大さじ1 2/3
  - みりん…大さじ1 2/3
- **B**
  - 米酢…50㎖
  - 砂糖…大さじ1 1/3
  - 塩…小さじ1
- 卵…2個
- **C**
  - 酒…小さじ2
  - 砂糖…小さじ2
  - 塩…ひとつまみ

1 たけのこは縦半分に切り、繊維にそって5㎜幅に切る。こごみは硬い根元を切り落とし、長ければ半分に切る。たらの芽は硬い根元を切り落として縦半分に切る。

2 鍋に湯を沸かし、**1**のこごみとたらの芽を1〜2分を目安に色よく塩ゆでして冷水にとり、キッチンペーパーで水気をふき取る。**A**を合わせてたけのことともに漬け込み、冷蔵庫で1〜2時間ほど味をなじませる。

3 （寿司飯）**B**を容器に合わせ、しっかり混ぜて調味料を溶かす。炊きたてのごはんに回しかけ、しゃもじで切るように混ぜ合わせる。

4 （錦糸卵）**C**を混ぜ合わせて、フライパンで薄く焼き、冷めてから細切りにする。

5 器に寿司飯を盛り、切りのりをちらしてから錦糸卵を広げる。**2**の汁気をしっかりと切り、彩りよく盛り付け、最後に木の芽をちらす。

ゆずの香りを忍ばせて

親子ちらし寿司

材料［2人分］

ごはん…2合分
塩鮭（甘口）…1切れ（約100g）
イクラの醤油漬け（市販品）…50g
れんこん…50g
三つ葉…1束
ゆず…½個
※青ゆずでも黄ゆずでも、時期のもので

A
米酢…50㎖
砂糖…大さじ1⅓
塩…小さじ1

B
酢…大さじ2
砂糖…大さじ½
塩…小さじ⅓

1 ゆずは皮を薄くむいてから千切りにし、水にさっとさらしてざる上げしておく。

2 （寿司飯）**A**を容器に混ぜ合わせ、皮をむいたあとのゆずをしぼって果汁を加える。炊きたてのごはんに**A**を回しかけ、しゃもじで切るように混ぜ合わせる。

3 鍋に湯を沸かして酒大さじ1（分量外）を加え、塩鮭を5分ほどゆでる。バットに取り出し、皮と骨を除いて身をほぐす。れんこんは皮をむいて2～3㎜幅のいちょう切りにして水にさらす。鍋に湯を沸かしてゆで、ざるに上げて水気を切り、熱いうちに**B**に15分ほど漬け込む。三つ葉は1㎝幅に切ってざるに入れ、熱湯をまわしかけてそのまま冷ます。

4 器に寿司飯をこんもりと盛り付け、**3**の具材とイクラの醤油漬け、ゆずの皮の千切りを彩りよくちらす。

野菜がまるごと溶け込んだルゥ

チキンカレー

材料［2人分］

鶏もも肉…300g
玉ねぎ…1個
人参…小1本
セロリ…150g
じゃがいも…½個
にんにく…2かけ
生姜…2かけ
バター…大さじ2
だし…500㎖

トマトピューレ…150g
クミン（粉末）…小さじ1
カレールゥ…60～80g ※
オリーブオイル…大さじ1½
A「カレー粉…大さじ1
　塩…小さじ1
　粗びき黒胡椒…小さじ⅛

※ご家庭でご使用のルゥに合わせて分量を調節してください

1 玉ねぎ、生姜、にんにくは皮をむいて薄切りにする。鍋にバターと一緒に入れ、20分ほど弱めの中火で焦げないように炒める。

2 じゃがいも、人参は皮をむいて、セロリと一緒に2～3㎜幅の薄切りにする。**1**の鍋に合わせ、オリーブオイル大さじ1を加えて3～4分全体を混ぜながら炒める。

3 だしを加えて10分ほどぐつぐつと煮る。粗熱を十分に取って、鍋の中のすべてをミキサーにかける。

4 鶏もも肉はひと口大に切ってから**A**をもみ込み、オリーブオイル大さじ½を入れたフライパンで両面を焼く。

5 **3**と**4**を鍋に合わせ、トマトピューレ、クミンを入れて弱火で10分ほど煮込む。

6 鶏肉に火が通ったら火を止め、カレールゥを溶かし混ぜ、ひと煮立ちさせる。

子どもも大人も満足の味

和風ドライカレー

材料【2人分】

合いびき肉…150g
人参…⅓本
玉ねぎ…¼個
ピーマン…1個
椎茸…1枚
生姜…1かけ
にんにく…½かけ

A
カレー粉…大さじ½
濃口醤油…大さじ1
みりん…大さじ1
ケチャップ…小さじ2
塩…ひとつまみ
クミン粉末（あれば）…少々

バター…大さじ1

1 人参、玉ねぎ、ピーマン、椎茸はそれぞれ皮や種などを取り除いて4~5㎜角に切り、生姜とにんにくは皮をむいてみじん切りにする。

2 フライパンにバターと生姜、にんにくを入れて中火にかけ、香りが立ってきたら**1**の残りの野菜を入れて炒め合わせる。

3 人参と玉ねぎに火が通ったらひき肉を加え、ほぐしながら火を通す。

4 **A**を加えて混ぜ合わせ、弱火で汁気がなくなるまで炒める。

3種のチーズでおいしく

ミートソースドリア

ミートソースの材料［2人分］

牛ひき肉…100g
トマトピューレ…200g
玉ねぎ（みじん切り）…¼個分
人参（みじん切り）…⅓本分
セロリ（みじん切り）…25g
にんにく（みじん切り）…2かけ分
オリーブオイル…大さじ3
バター…大さじ1

A
塩…小さじ1
濃口醤油…小さじ1
砂糖…小さじ½
オレガノ…小さじ⅓
胡椒…少々

ドリアの材料［1人分の目安］

ミートソース…150g
あたたかいごはん…100g
モツァレラチーズ…25g
カマンベールチーズ…25g
ピザ用チーズ…適量

1 （ミートソース） 鍋にオリーブオイルとバターを入れ、にんにくを加えて弱火で炒める。香りが立ってきたら残りの野菜とひき肉を加えて炒め合わせる。火が通ったら塩・胡椒各少々（分量外）を振っておく。

2 **1**にトマトピューレと水¼カップ（分量外）、**A**を加えて混ぜ合わせ、弱火で5～6分ほど煮詰める。味が足りなければ塩で調整する。

3 （ドリアを作る） グラタン皿にオリーブオイル少々（分量外）を塗り、**2**のソースを50gほど薄くのばしてひく。その上にあたたかいごはんを広げ入れる。モツァレラチーズとカマンベールチーズを粗く刻んでごはんの上に広げ、**2**のソースを100gほどかけてから、ピザ用チーズを全体にかける。250℃のオーブンで15～20分ほど焼く。

鮮度が命、絶品の味

あじのなめろう

材料［2人分］

あじの刺し身…100g※
大葉…3枚
生姜…½かけ
みょうが…¼個
炒りごま（白）…小さじ¼
みそ…小さじ2〜3
オリーブオイル…小さじ½
A ┌水…100㎖
　 │塩…小さじ1
　 └氷…ひとつかみ

※塩水につけるのでサクの状態で買い求めるとよい

小鉢・ごはんの友

和食には、ごはんが進む小さいおかずのアイデアが
たくさんつまっています。
郷土料理なども取り入れながら、
家族みんなにうれしい味を集めました。
日持ちするものは常備菜としても使えます。
なめろうや漬物などは、酒の肴にもいいですね。

1 大葉、みょうが、皮をむいた生姜は、4～5㎜角程度のみじん切りにしておく。

2 Aをボウルに合わせ、冷たい塩水を作る。その中にサクの状態のあじを2分浸してしっかり身を冷やす。取り出したあじはキッチンペーパーでやさしく水気をふき取っておく。

3 2のあじを細切りにして、それから方向を変えて角切りにする。続いて包丁でたたき、1の薬味野菜と同じ大きさになったら、1とごま、みそを加えてさらにたたく（みそは味を見ながら加減して加えるとよい）。

4 最後にオリーブオイルを加えて軽く混ぜ合わせる。

ごはんに合う甘辛味

ひじきのきんぴら

材料［2人分］

ひじき（あれば長ひじき）…15g
人参…1/2本
ごぼう…1/2本
さつま揚げ…1枚
輪切り唐辛子…少々

A
酒…大さじ3
濃口醤油…大さじ2
砂糖…大さじ1 1/2

ごま油…大さじ1/2

1 ひじきはたっぷりの水に30分ほどつけて戻し、長いものは食べやすい長さに切る。人参は皮をむき、ごぼうは皮を軽くこそげ取り、さつま揚げと4~5㎝の長さの少し太めの千切りにする。ごぼうだけさっと水にさらす。

2 フライパンにごま油を入れて中火で熱し、水気を切ったごぼうと人参、輪切り唐辛子を入れて炒める。

3 全体に油がまわったら、ひじきとさつま揚げを加えて軽く炒め合わせ、**A**を加える。煮汁がほとんどなくなるまで煮詰める。

だし

涼感たっぷり山形の味

材料［2人分］
きゅうり…1本
なす…1/2本
みょうが…1個
生姜…2かけ
大葉…5枚
がごめ昆布（細切り）…3g

A
濃口醤油…大さじ2 1/2
みりん…大さじ1/2
砂糖…小さじ1/2
酢…小さじ1

1 きゅうり、なす、みょうが、大葉は4〜5㎜角のみじん切りにする。なすはみじん切りにした後にさっと水にさらしてあく抜きをし、しっかり水気を切っておく。

2 生姜は皮をむいて、2〜3㎜角のできるだけ細かいみじん切りにする。

3 ボウルに**1**と**2**の野菜を混ぜ合わせ、がごめ昆布と**A**を加えてスプーンでしっかり混ぜる（がごめ昆布は細切りのものを手でもんで、細かくしてから加えるとより食べやすい）。

4 冷蔵庫で1時間以上なじませ、野菜がしっかり冷えてから、熱々のごはんにのせていただく。冷蔵庫で2日ほど保存できる。

ピリッと香る大人の佃煮

新ごぼうの有馬煮

材料［2人分］

新ごぼう…100g ※1
実山椒（下処理したもの）…小さじ2 ※2
かつお削り節…1パック（2g）
A
濃口醤油…大さじ2½
みりん…大さじ1
砂糖…大さじ1
酒…大さじ1½

※1 新ごぼうがなければ普通のごぼうでもおいしくできる
※2 塩漬けの実山椒を使う場合は、塩抜きしてから使うとよい

1 （実山椒の下処理）実山椒は枝を取り除いて実だけにして、塩少々（分量外）を加えた熱湯で30秒ほどゆでる。ざる上げして冷水に取り、水を替えながら2～3時間ほど水にさらす。

2 ごぼうはさっと洗い、5～6㎝の長さの細切りにする。切ったら一度さっと水にさらしてすぐにざる上げしておく。

3 鍋に**A**を合わせて火にかけ、沸いたら**2**のごぼうを加える。

4 中火で3分ほど炊いた後に**1**の実山椒を加え、少し火を落としてさらに2～3分炊く。

5 火加減を弱火にして、汁気がなくなりかけたら、削り節を手でもんでから鍋に入れて混ぜ合わせる。保存容器に入れて冷蔵庫で1週間ほど保存できる。

具材をゆでるだけ

いろいろ田楽

材料［2人分］

里芋…150g
厚揚げ…100g
ブロッコリー…$\frac{1}{4}$株
こんにゃく…100g ※
長ねぎ…$\frac{1}{2}$本
※今回はひと口大の玉こんにゃくを使用

A
みそ…大さじ3
砂糖…大さじ5
酒…大さじ2
みりん…大さじ1

1 里芋は皮をむいて水にさらす。厚揚げはひと口大に切る。ブロッコリーは小房に切り分ける。長ねぎは2㎝幅に切ってから片面に斜めに2～3本切り込みを入れる。こんにゃくは大きければひと口大にスプーンでちぎり、塩ひとつまみを振って5分おく。

2 鍋に**A**を混ぜ合わせて中火にかける。沸いたらグツグツと沸騰する火加減を保ち、ヘラで鍋底を混ぜながら4～5分、ドロッとしたとろみがつくまで煮詰める。

3 里芋は水からゆで、竹串がすっと通るまで火を通し、厚揚げを加えて軽く温めてからざる上げする。別の鍋に湯を沸かして塩ひとつまみ（分量外）を加え、ブロッコリーと長ねぎ、こんにゃくを2～3分ゆでてざる上げする。

4 温かいうちに**3**を串に刺して、**2**のみそをかける。みそは冷蔵庫で2カ月ほど保存できる。

おひるのおかずにイチオシ

明太子とねぎの厚焼き卵

材料［2人分］

卵…3個
辛子明太子…50g
薬味ねぎ…2〜3本
A「砂糖…大さじ1
　濃口醤油…小さじ½
　塩…小さじ¼
サラダ油…適量

1 薬味ねぎは根元を切り落として小口切りにする。明太子は薄皮ごと1㎝幅に切る。

2 ボウルに卵を割り入れてAを加え、溶け残りがないようにしっかりとほぐす。1の薬味ねぎを混ぜ合わせる。

3 卵焼き器にサラダ油を入れて中火で熱し、卵液の⅓量を流し入れて均一に広げる。半熟になったら中央より奥側に明太子を横一列に並べ、奥から手前に卵を巻いて、巻き終わったら向こう側に卵をよせる。あいたところにサラダ油を塗る。

4 残りの卵液の半量を加え、奥によせた卵の下にも卵液を流し入れる。半熟になったら奥の卵を手前に折りたたんで形を整える。これをもう一度繰り返して取り出し、食べやすい幅に切り分ける。

秋の香りを包みこむ

牛肉ときのこの朴葉みそ

材料［2人分］

朴葉（乾燥）…2枚 ※1
牛肉（薄切り）…150g
きのこ…100g ※2
長ねぎ…½本
A ┌みそ…80g
　│砂糖…40g
　│みりん…大さじ1½
　└酒…大さじ1

※1 朴葉がない場合は、アルミホイルで代用できる
※2 きのこは、しめじ、えのき茸、まいたけなどを組み合わせるのがおすすめ

1 朴葉は30分ほど水につけて戻す。火にかける前にさっと水気をふき取っておく。

2 Aをボウルなどの容器に合わせ、しっかり混ぜ合わせる。ねぎは斜め薄切りに、きのこは食べやすい大きさに切る。

3 フライパンに朴葉をしき、1枚ずつ火にかける。Aの半量を中央に広げ、牛肉の半量もほぐして広げ入れる。

4 中火にかけ、みそのまわりがふつふつと煮立ってきたら、弱火にして牛肉に火を通す（火加減が強すぎると、乾燥状態に戻った朴葉が焦げるので注意する）。

5 牛肉に8割ほど火が通ったら、きのことねぎを半量ずつ入れて、時々箸で混ぜながら気長に火を通す。熱々のごはんといっしょにいただく。

大葉みそ

焼きおにぎりも風味豊かに

材料［2人分］

大葉…20枚
生姜…1かけ
にんにく…½かけ
かつお削り節…1パック（2g）
A「みそ…100g
　みりん…大さじ1
　砂糖…大さじ½
サラダ油…小さじ1
ごま油…小さじ1

1 大葉は千切りにし、さっと水にさらしてざる上げしておく。にんにくと生姜は皮をむいて細かいみじん切りにする。

2 鍋にサラダ油とごま油、にんにくと生姜を入れて弱火にかけ、じっくり炒めて香りを引き出す。

3 大葉の千切りとAを加え、ヘラなどを使って全体を混ぜ合わせる。

4 焦げないように鍋底を混ぜながら3～5分ほど煮詰め、削り節を混ぜ合わせる。

5 粗熱が取れてから保存容器に入れる。冷蔵庫で10日ほど保存できる。焼きおにぎりにする場合は、おにぎりを魚焼きグリルなどで焼き、軽く焼き目がついたら大葉みそを塗ってこんがりと焼き上げる。

やみつきになるおいしさ

自家製しば漬け

材料［2人分］

下漬け用材料
なす…1本
きゅうり…1本
みょうが…2個
生姜…1かけ
塩…小さじ1

本漬け用材料
赤しそ…20枚
塩…小さじ1
みりん…大さじ1
酢…大さじ1

1 なすとみょうがは縦8等分にし、なすだけ長さを半分に切っておく。きゅうりは縦半分に切ったものを斜めに2㎜程度の薄切りにする。生姜は皮をむいて少し太めの千切りにする。

2 **1**の野菜に下漬け用の塩をまぶし、よく混ぜ合わせて漬物容器に入れて重しをする。

3 3~4時間漬け込んだら水が上がってくるので、野菜を一握りずつしっかりとしぼって取り出す。容器に残った水気は捨てておく。

4 赤しそに本漬け用の塩をまぶしてもみ込んで、水気とアクをぎゅっとしぼり出す。

5 **3**の野菜を漬物容器に戻し入れ、**4**の赤しそと混ぜ合わせる。箸で軽くほぐし、みりんと酢を加えて重しをする。

6 色がなじむまで冷蔵庫で2~3日保存する。重しをした状態で冷蔵庫で2週間ほど保存できる。食べる時は汁気を軽くしぼる。

ちりめん山椒

材料［２人分］
ちりめんじゃこ…50g
実山椒（下処理したもの）…大さじ１ ※
A
酒…大さじ５
濃口醤油…大さじ１
みりん…小さじ２
砂糖…小さじ½

※ 塩漬けの実山椒を使う場合は、塩抜きしてから使うとよい

1 （実山椒の下処理）実山椒は枝を取り除いて実だけにして、塩少々（分量外）を加えた熱湯で30秒ほどゆでる。ざる上げして冷水に取り、水を替えながら２～３時間ほど水にさらす。

2 鍋にAを合わせて火にかけ、沸いたらちりめんじゃこを入れて弱めの中火で１～２分炊く。

3 水気を切った1の実山椒を入れ、煮汁が少なくなったら弱火にして、汁気がなくなるまで煮詰める。冷蔵庫で１週間ほど保存できる。

ニラ醤油

材料［２人分］
ニラ…½束
濃口醤油…大さじ５
みりん…小さじ５
ごま油…小さじ１
唐辛子…½本

1 ニラは根元を切り落とし、洗ってからキッチンペーパーでしっかりと水気をふき取り、５～６㎜幅に刻む。

2 みりんを耐熱容器に入れてふんわりとラップをし、電子レンジ（600W）で40秒ほど加熱してアルコール分を飛ばし、粗熱を取る。

3 保存容器に1のニラを入れ、醤油、2のみりん、ごま油、種を取り除いた唐辛子を入れて混ぜ合わせる。

4 １日以上冷蔵庫で味をなじませてから使う。冷や奴や納豆、あじやサバなどの焼き魚、卵かけごはんなどにかけていただく。冷蔵庫で１カ月ほど保存できる。

牛肉とミニトマトのしぐれ煮

材料［2人分］

牛肉（こま切れ）…200g
ミニトマト…100g
生姜…1かけ
A 濃口醤油…大さじ4
　みりん…大さじ3
　酒…大さじ3
　砂糖…大さじ2

1 ミニトマトはヘタを取り除き、縦半分に切る。生姜は皮をむいて千切りにする。

2 鍋にAを合わせて中火にかけ、沸いたら牛肉をほぐし入れ、生姜を加える。

3 牛肉に火が通ったら1のミニトマトを入れる。

4 煮汁が少なくなったら弱火にして、汁気がほとんどなくなるまで煮詰める。冷蔵庫で3～4日保存できる。

こんにゃくのピリから煮

材料［2人分］

こんにゃく…1枚
かつお削り節…1パック（2g）
A 濃口醤油…大さじ3
　みりん…大さじ1
　砂糖…小さじ1
　ごま油…小さじ1
　輪切り唐辛子…½本分

1 こんにゃくは両面に格子状の細かい切り込みを入れ、食べやすい大きさに切る。

2 1を2～3分ゆでてからざる上げする（水には落とさない）。Aを混ぜ合わせておく。

3 鍋にこんにゃくを入れ、中火で1～2分ほど乾煎りする。火加減を少し弱めてからAを加える。こんにゃくを転がしながら煮詰める。

4 煮汁が少なくなったら弱火にして、汁気がなくなりかけたら、削り節を鍋に入れて混ぜ合わせる。冷蔵庫で1週間ほど保存できる。

豚バラおかずみそ

材料［2人分］

豚バラ肉（薄切り）…250g
生姜…2かけ
にんにく…½かけ
A
- みそ…大さじ2½
- 酒…大さじ½
- 砂糖…大さじ1
- 濃口醤油…小さじ1

1 生姜とにんにくは皮をむいてみじん切りにする。豚バラ肉は2㎝幅に切る。Aをだまのないように混ぜ合わせておく。

2 フライパンに1の豚バラ肉を入れてほぐしながら中火で炒める。5分程度炒めると肉から脂が出てくるので、ボウルなどに脂だけを取り出し、さらに5分ほど炒めて肉をカリカリに焼き上げる。さらに出てきた脂はボウルなどに移す。肉を取り出して、塩ひとつまみ（分量外）を振りかける。

3 2のフライパンをキッチンペーパーで拭いて、1の生姜、にんにくを入れて弱火で炒める。火が通ったら肉を戻し入れ、さっと炒める。火を止めてAを加えて混ぜ合わせる。冷蔵庫で4～5日保存できる。

のり玉ふりかけ

材料［2人分］

卵…2個
A
- 濃口醤油…小さじ½
- 塩…ひとつまみ
- 砂糖…ひとつまみ

B
- かつお削り節…1パック（2g）
- 炒りごま（白）…小さじ1
- 青のり（またはあおさのり）…小さじ⅓
- 塩…ひとつまみ

ごま油…小さじ½

1 卵を溶きほぐし、Aを加えて混ぜ合わせる。

2 フライパンにごま油を入れて弱めの中火で熱し、1を入れる。箸を4～5本持って手早く混ぜながらポロポロになるまで火を通し、バットなどに広げる。

3 粗熱が取れてから2にBを混ぜ合わせる（かつお削り節は手でパラパラとほぐしながら加えるとよい）。冷蔵庫で2日ほど保存できる。

かぶの漬物

材料［２人分］

かぶ…小３個（約300g）
塩…かぶの重さの３％（約９g）
昆布…かぶの重さの１％（約３g）
酢…大さじ２
砂糖…大さじ１ ½
輪切り唐辛子…適宜

1 かぶは茎を切り落とし、皮ごと縦半分に切ってから５～６㎜幅に切る。

2 漬物容器に1を入れ、塩、酢、砂糖、輪切り唐辛子を加える。昆布はさっと火にかざしてやわらかくし、キッチンばさみで細切りにして加える。全体を混ぜ合わせてから重しをし、冷蔵庫で１日以上味をなじませる。重しをした状態で冷蔵庫で３～４日保存できる。

自家製なめたけ

材料［２人分］

えのき茸…１束（約200g）
昆布…５㎝角１枚
水…50㎖
A 濃口醤油…大さじ３
A みりん…大さじ２

1 水と昆布を合わせ、30分以上つけておく。

2 えのき茸は根元を切り落とす。1の昆布を取り出して細切りにする。

3 鍋に1、2、Aを入れ、火にかける。沸騰したら弱火にして３～４分炊く（途中出てきたアクをすくい取る）。

4 3を清潔な容器に移し、粗熱が取れたら冷蔵庫で保存する。1週間ほど保存できる。

いろはのい 2

薬味を味方に

薬味・香りのものを使いこなせたらばっちり料理上手です。彩りや臭み消しのほか、季節感や、食欲をそそる効果もあります。

三つ葉

本来の旬は春。水耕栽培もされている。香りやアクが強くないので、いろんな料理に合わせやすい。

ねぎ

白髪ねぎ(上) 長ねぎの白い部分を千切りに。しゃきしゃきした食感を生かす。異なる食感のものと組み合わせるとよい。

青ねぎ(右) 香り、甘みが強いのが特徴。少し辛みもあるので、水にさらして手でもみ、ぎゅっとしぼって使うとよい。代表的なものに九条ねぎ。

細ねぎ(薬味ねぎなど)(下) 辛みがなく使いやすい。2〜3センチに切ってみそ汁に入れたり、長めに切って南蛮漬けに混ぜたりしても。

みょうが

旬は夏と秋。秋みょうがのほうがふっくらとしている。さっと火を通してもおいしいので、汁ものや炒めものにも。

木の芽（山椒の若芽）

春先に出回る。そのままそえたり、包丁で刻んだりして、香りを楽しむ。傷みやすいので刻むときは直前に。保存の際は乾燥を避ける。

黄ゆず・青ゆず

さわやかで強い香りが特徴。料理に合わせて、皮を刻んだり、すりおろしたりしてそえるほか、果汁をしぼって使う。青ゆずは初夏に、冬には黄ゆずを使うとよい。

すだち

露地ものの旬は秋（8〜10月）。ハウス栽培のものも出回っている。露地もののほうが香りや酸味が強い。

生姜

生姜焼きをはじめ、炒めもの、煮ものなどに風味を加えてくれる欠かせない薬味。佃煮にしたり、ごはんに炊き込んだりしてもおいしい。

大葉（青シソの葉）

刻んで使うときは、細く切りすぎないほうが香りが立ちやすい。手でちぎってもよい。保存の際は乾燥を避ける。

いろはのい 3

乾物のすすめ

だしの代わりや、手軽な具材として活用します。封を開けると酸化がすすむので、タッパーに入れて冷凍保存がおすすめです。

はるさめ・緑豆はるさめ

はるさめの中でも、緑豆はるさめは煮崩れしにくいので、煮ものにおすすめ。戻す時間が惜しいときは、多めのだしで炒め煮すると手軽。

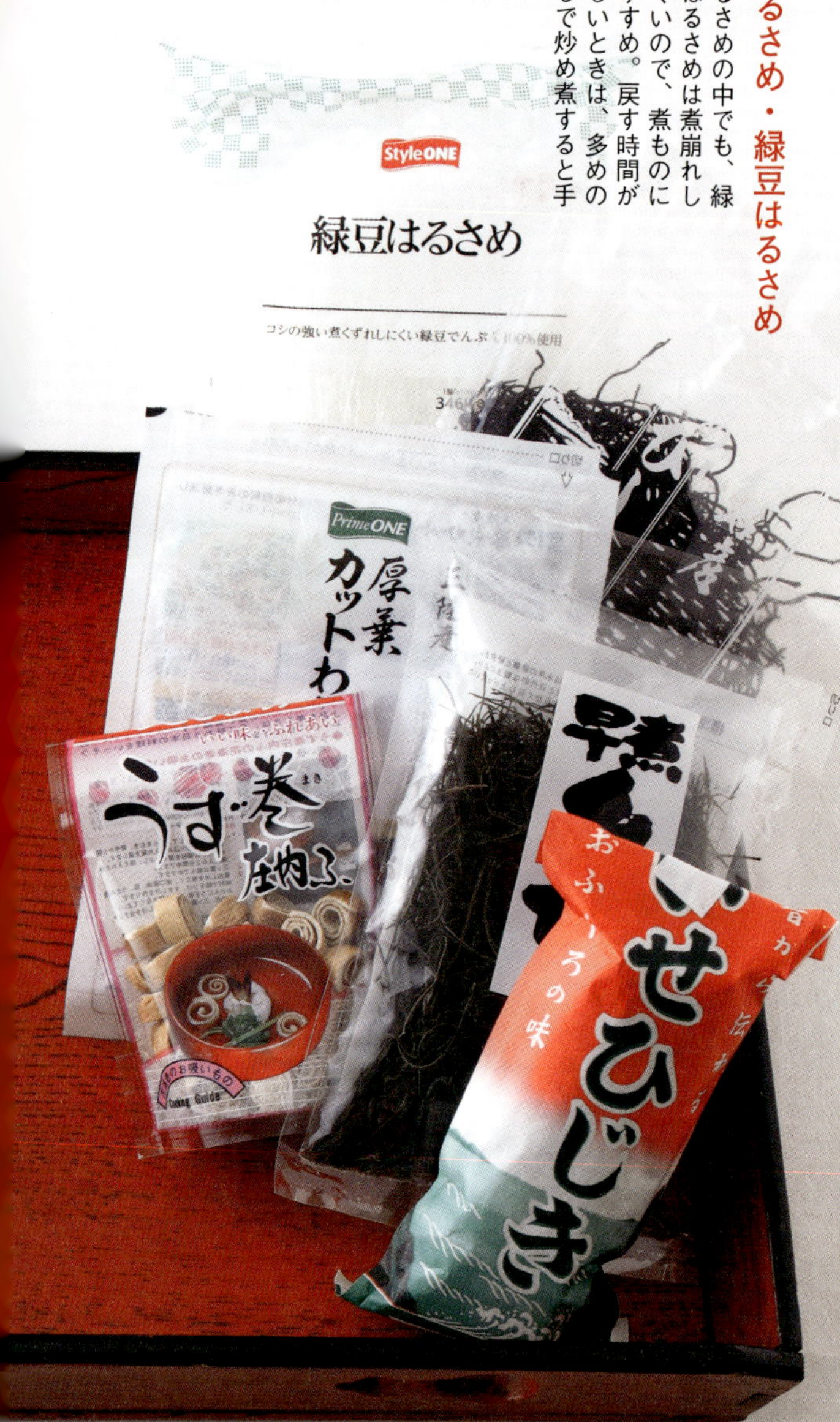

カットわかめ

汁ものなど、ぱっと使いたいときに重宝する。戻すとかさが増えるので加減して使うとよい。

細切り昆布

意外に重宝するのが細切り昆布。そのまま煮ものに入れたり、さっとゆでてサラダや酢のものに入れるとおいしい。

芽ひじき・長ひじき

一般的に出回っているのは芽ひじきが多いが、食べごたえのある長ひじきもおすすめ。多少磯臭さがあるので、気になるときは下ごしらえとして少し炒めるとよい。

焼き麩

みそ汁やお吸い物の具に、何かもう一つ、というときにパッと入れるだけ。

青のり、あおさのり

粉状にしていない乾物であれば、食べごたえがあって香りもよいので汁ものの具にぴったり。

切り干し大根

煮物に入れるほか、戻してサラダに入れたり、はりはり漬けにしたりと、幅広く使える。だしや醤油をたっぷり含ませるとおいしくなる。

桜えび

炒めものや汁ものに入れて、手軽に彩りとうまみをプラス。ごはんに炊き込んでもおいしい。

スライス干し椎茸

干し椎茸と同じように使うのが基本だが、戻す時間が大幅に短縮できる。汁ものに使うほか、鍋の具がさみしいときや炒め煮の具に追加しても。

缶詰・ビン詰

肉、魚のかわりにいつでも使えるたんぱく質として。帆立の水煮缶やカニ缶などは汁ごと使ってうまみのもとに。

さくっと一品

切り干し大根と干し椎茸のみそ汁

スライス干し椎茸…5g
切り干し大根…15g
水…400mℓ
みそ…大さじ2
すりごま…少々

1. 鍋に水と椎茸、切り干し大根を入れて中火にかけ、沸いたら火を弱めて3〜4分煮る。
2. みそを溶き入れ、器に盛ってすりごまをふる。

いろはのい 4

だしさえあれば

だしはやはりおいしさの基本。
幅広く使える基本の方法をご紹介します。
手作りのだしパックは忙しいときに重宝します。

かつおだし

昆布…水に対して１％
かつお節（うす削り）
…水に対して１％
※水１Ｌの場合、
各10ｇ

昆布を30分以上水に浸しておく（前日から冷蔵庫に入れておいてもよい）。弱火にかけて、沸騰直前までゆっくりと温める。味をみてから、昆布を取り出す。

煮干しだし

煮干し…水に対して１％
昆布…水に対して１％
※水１Ｌの場合、
各10ｇ

昆布と煮干しを水に入れて、30分以上おいておく。

だしパック

水１Ｌに対して、昆布６ｇ、かつお節（厚削り）12ｇ、干し椎茸１ｇを用意する。干し椎茸は小１個が目安。

小さめに折ってブレンダーに入れ、適度な大きさになるまで砕く。あまり粉々にならない程度がよい。

かつお節を入れ、弱火にして沸騰を待つ。途中でアクをすくい、４～５分じっくり煮出す。

ざるで静かに漉す。かつお節をしぼると雑味が出るのでしぼらないほうがよい。冷蔵庫に入れて、２～３日で使い切る。

鍋を弱火にかけ、じっくりと温度を上げる。沸騰してきたらアクをすくい取り、２～３分煮出す。

昆布と煮干しを引き上げる。冷蔵庫に入れて、２～３日で使い切る。

砕いた材料をお茶・だし用のパックに入れる。パックはＬサイズなど大きめのものを。この状態で密閉袋などに入れ、冷凍庫で１～２カ月保存できる。

１Ｌの水を火にかけ、沸騰したら弱火に落とし、だしパック１袋を入れる。15分ほどゆらゆらと煮出す。

いろはのい 5

ごはんの炊きかた

炊きたてのごはんが
なによりのごちそう。
寿司飯用には、
水を加減して少し硬めに。

1

1合180mlの計量カップを使い、すり切り1杯を正確に量る。

2

最初は手早くさっと洗って水を捨てる。ボールを握るようにぎゅっぎゅっと研ぐ（力を入れすぎてお米が割れないように）。

3

米が透けて見えるくらいまで2、3回すすぐ。

4

水加減をして、30分〜1時間程度浸水させる。

5

炊きあがったら、十字にしゃもじを入れて、底からしっかり混ぜる（炊きあがりを均一にする）。

みそ汁の作りかた

一汁一菜は食卓の基本。
どんなおかずにも合う
基本のみそ汁を
マスターしましょう。

豆腐、油揚げ、わかめなど、好みの具材を食べやすい大きさに切る。

だし（基本のかつおだし、または煮干しだし→92ページ）600㎖に豆腐を入れて、温める。

残りの具材を入れる。

みそ大さじ３～４を溶き入れる。お使いのみその塩分によって分量を加減する。

完成。みそを溶き入れたあとは煮立たせないこと。

写真　小林キユウ
デザイン　福島源之助
永井健太郎
森田　直
(FROG KING STUDIO)
編集　浜田敬子
向井　香
外山俊樹
(アエラ編集部)
長瀬千雅
校閲　朝日新聞総合サービス出版校閲部
ゴム版画制作　冨田ただすけ

しあわせの白ごはん

2015年2月28日　第一刷発行

著者　冨田ただすけ
発行者　尾木和晴
発行所　朝日新聞出版
〒104-8011
東京都中央区築地5-3-2
電話　03-5541-8627（編集）
03-5540-7793（販売）
印刷所　凸版印刷株式会社

ISBN 978-4-02-331383-5
定価はカバーに表示してあります。
落丁・乱丁の場合は弊社業務部
（電話 03-5540-7800）へご連絡ください。
送料弊社負担にてお取り替えいたします。